불안 위에서
서핑하기

불안 위에서
서핑하기

하지현 지음

나의
대학
사용법

창비

대학생이 되면 어떨까요? 몇 년을 노력하고 고생해서 대학에 들어갔으니 아마 '고생 끝, 행복 시작'이기만을 바랄 겁니다. 그런데 꼭 마음처럼 되지는 않지요. 한두 해 대학을 다녀 본 학생들은 알겠지만, 시간이 갈수록 더 마음이 싱숭생숭해집니다. 불안하기도 하고 또 우울하기도 할 거예요. 4학년을 마치고 세상에 나가야 한다고 생각하면, 벌써부터 겁이 덜컥 나기도 할 겁니다.

대학생이 될 무렵이면 법적으로는 어엿한 어른이지요. 이제 주민 등록증도 있고, 투표도 합니다. 하지만 정작 스스로는 아직 어른이라고 인식하지 않는 경우가 많아요. 흔히 말해 '1인분'의 삶을 꾸려 갈 수 있을지 확신이 서지 않거든요. 모든 결정을 독립적으로 하고 그 결과를 내가 책임질 수 있을지 자신이 없을 거예요. 부모가 보기에도, 사회가 보기에도 사실 그렇지요.

이런 고민, 여러분만 하고 있는 것이 아닙니다. 거의

모든 10대 후반, 20대 초반의 사람들이 언제나 마음속에 담고 있는 고민이에요. 이 책은 그런 청춘들의 마음에 대해 자주 듣고 상담해 온 제 경험과 생각을 여러분과 나누려고 썼습니다. 2017년에 열린 강연에서 한 차례 나눈 이야기들에 좀 더 살을 붙여 다듬었지요. 대학을 준비하고, 또 다니는 것이 마냥 즐겁지 않고 때때로 스트레스로 다가오는 이유, 대학이라는 공간과 각자에게 주어진 4년이란 시간을 바라보는 관점, 어른이 되는 것을 마냥 회피해서는 안 되는 이유, 불가피하게 경험하는 우울, 불안, 외로움, 소외감과 꼭 경험해 봐야 할 사랑에 대해 이런저런 생각과 느낌을 전하는 책이랍니다.

사회적으로 예측하기 어려운 큰 변화를 앞두고 있는 지금, 불확실성을 대하는 마음의 태도는 어떠해야 할지, 이 거친 세상의 흐름에 휩쓸려 가지 않고 나를 지키는 방법은 무엇일지 여러분과 생각을 나누고 싶습니다. 부디 이 작은 책이 여러분의 10대와 20대에 유용한 나침반이 되기를 바랍니다.

2018년 봄
하지현

차 례

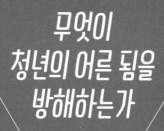

1

무엇이
청년의 어른 됨을
방해하는가

예측 불가능,
조절 불가능의 시대

반갑습니다. 저는 하지현이고, 정신과 의사입니다. 지금 의학전문대학원에서 학생들을 가르치면서 진료도 하고, 연구도 하면서 지내고 있습니다.

오늘 대학에 대한 이야기를 드리려고 하는데 세부적인 주제들은 이렇습니다. 대학이란 어떤 곳일까? 어른이 된다는 건 또 뭘까? 대학에선 무엇을 해야 하고 무엇을 조심해야 할까? 우리는 세상에 대해서 무엇을 두려워하나? 대학 생활 중에 겪게 될 여러 심리적, 경제적, 물리적 어려움을 어떻게 극복할까, 혹은 버텨 낼까? 이런 이야기를 한 시간 반 정도 쉬지 않고 할 겁니다. 그다음에는 30분 정도 묻고 답하는 시간을 가진 뒤, 저녁 9시 반 언저리에 끝낼 예정입니다.

이렇게 일정을 자세히 말씀드리는 이유는, 시간이 어떻게 움직일지 아는 것이 스트레스를 줄이는 중요한 방법이기 때문입니다. 학교에서 교수님이 강의하실 때 도대체 전부 몇 장인지 알 수 없는 슬라이드를 계속 돌리시면 조바심이 나잖아요. 대학생들은 그런 경험이 한 번씩 있을 거예요. 이 수업이 끝나면 할 일이 있는데, 혹은 중요한 약속이 있는데 언제 끝날지 알 수 없다면 마음이 조마조마해지면서 스트레스가 쌓이기 시작하지요.

스트레스라는 건 예측 가능성과 조절 가능성, 이 두 가지에 의해 움직입니다. 이 두 가지가 언제나 사람을 힘들게 만들거든요. 지금 젊은이들이 진로 고민이 많은 이유 역시 이 두 가지가 별로 높지 않기 때문일 겁니다. 고생해서 대학에 왔는데, 선배들을 보니 미래에 별것 없는 것 같고 앞날이 뿌옇기만 하다는 느낌이 들면 불안해지지요. 고등학생들도 마찬가지예요. 대학에 가려고 일단 열심히 공부하고 있는데, 대학생 언니 오빠 들을 보니 대학에 가도 뾰족한 수가 없는 것 같다 싶으면 스트레스가 쌓여요.

그럼 대학 말고 삶 그 자체는 조절 가능한가 하면 그렇지도 않습니다. 대학에 가 보아도 고등학교와 큰 차이가 없다는 느낌이 들 때가 많을 거예요. '스펙'에 필요하다고 하는 것들을 준비하다 보면, 내 뜻대로 내가 원하는 일을 할 시간이나 기회가 의외로 적지요.

청년들이 전문직을 원하는 것도 그 때문일 겁니다. 의사, 변호사, 회계사 같은, 자격증이 필요한 전문직을 가지면 내 삶의 조절 가능성이 높아질 것 같거든요. 그러면 예측 가능성이 높은 직업은 뭘까요? 공무원 같은 직업이지요. 내 업무 범위가 딱 정해져 있고, 갑작스럽게 야근하거나 해고되는 일이 적을 것 같지요. 큰 사고만 치지 않으면 정년까지 일할 수 있다는 예측 가능성 때문에 청년들이 공무원과 같은 직업을 전보다 더 간절히 원하게 되었습니다.

사회 전체가 예측 가능하고 상당히 안정적이라는 느낌이 든다면 젊은 친구들은 더 적극적으로 모험을 하려고 들지도 몰라요. 대기업만 바라보는 대신 시행착오를 겪더라도 스타트업 회사를 해 보겠다는 결심을 할 수도 있지요. 하지만 지금과 같은 불안정한 사회에서는 어떻게든 일단 안정될 필요가 있다는 마음이 가장 앞서요. 자연스러운 일입니다.

　　그런 경향이 대학을 선택할 때에도 영향을 미칩니다. 많은 학생이 대학에 진학할 때 가능하면 대기업 직원, 가능하면 공무원, 가능하면 전문직이 되는 데에 도움이 되는 대학을 가려고 해요. 하지만 모두가 느끼고 있듯 이제는 특정한 대학에 진학한다고 해서 내 삶의 안정성이나 예측 가능성이 높아지리라는 기대를 하기가 점점 어려워지고 있습니다.

대학은 더 이상
분기점이 아니다

아직도 부모님이나 선생님이 중고생들에게 이런 말씀을 하시나요?

"대학 간 다음에 너 하고 싶은 대로 다 해."

"노는 건 대학 가면 실컷 할 수 있으니까 지금은 공부만 열심히 해라."

이제는 이런 말에 속으면 안 됩니다. 이런 말을 믿고 삶의 모든 즐거움을 뒤로 미룬 채 열심히 공부만 하다가 대학에 가면? 아마 거기서 만난 교수나 선배는 또 이렇게 말할 거예요.

"노는 것? 이젠 사치야. 취업한 다음에 해. 학점 잘 따야 하고, '스펙' 관리도 해야 되잖아. 노는 건 대학 졸업하고 취업한 다음에 해."

한 번 더 양보해서, 열심히 '스펙'을 쌓아서 취업에 성공한다고 합시다. 그러면 이제는 마음껏 놀 수 있을까요? 아마 결혼한 다음에, 애 낳은 다음에, 집 장만을 한 다음에…… 하는 식으로 노는 일은 한도 끝도 없이 뒤로 미루어질 거예요. 노인이 되어 아예 사회에서 은퇴하고 나면 그제야 조금 놀아도 될까요? 그런데 100세 시대라는 세상에서 도대체 은퇴는 언제 할 수 있을까요? 이제는 그마저도 예측할 수 없는 시대가 되어 버렸습니다.

요즘 같은 무한 경쟁 시대에는 '그다음'이라는 시간은 영원히 내 발 앞에 도착하지 않을지도 몰라요. 온라인 게임에 비유한다면, 지금 마주친 캐릭터가 최종 보스라고 해서 죽도록 싸워서 이겼는데, 그다음에 바로 좀 더 강한 놈이 나와서 "아니야. 쟤는 별것 아니었고, 내가 진짜 최종 보스야."라고 하는 식이지요. 처음엔 재미있을지 몰라도 이것이 계속 반복되면 나중엔 지쳐 버릴 겁니다.

이전에는 대학이 "That's enough.", 즉 "이 정도면 됐어."라고 말할 수 있는 분기점이었습니다. 일단 대학에 가고 나면, 학생도 부모도 한숨 돌릴 수 있었어요. 하지만 이제 더 이상 대학은 그런 분기점이 될 수 없는 시대입니다.

이런 시대의 흐름을 느낄수록 개인들은 노력을 더욱 많이 해서 어떻게든 예측 가능성과 조절 가능성을 높이

려고 합니다. 하지만 불확실성이란 말 그대로 시대의 흐름이기 때문에, 나 혼자 노력한다고 해서 쉽게 달라지지 않아요. 좀 슬픈 이야기지요?

나라는 존재가 컵이라고 합시다. 컵 안에 물이 담겨 있어요. 이 물이 넘치지 않게 하려고 나는 열심히 컵 안의 물을 관리하면서 컵이 흔들리지 않게 잘 잡고 있는 방법을 배웁니다. 하지만 애초에 이 컵이 놓인 테이블의 다리 하나가 짧다면? 그때는 내가 아무리 노력해도 컵이 계속 흔들릴 수밖에 없겠죠?

세상이 안정적이고 예측 가능한 방향으로 움직이는 흐름이 지속될 때에는 삶의 예측 가능성과 조절 가능성을 올리려는 개인의 노력이 효과적으로 결과에 반영될 수 있습니다. 제가 자라난 시대에만 해도 그것이 어느 정도 가능했어요. 제 부모님이 성장하던 시대 역시 그러했습니다. 그런데 지금은? 안타깝게도 앞으로 20년 안에 기존의 교육 시스템이나 직업의 종류가 모두 바뀌어 버릴 것이라는 예측이 대세입니다. 과거에 쓸모없어 보이던 행동이 도리어 쓸모가 있고, 반면 분명히 좋은 일이라고 여겨지던 것이 하루아침에 쓸모없는 일이 되어 버릴 가능성이 높아진 것입니다. 자칫하면 몇 년 동안 들인 노력이 수포로 돌아갈 가능성이, 지난 100년 중 어느 때보다 커졌다는 뜻이기도 합니다. 바야흐로 불확실성이 시대의 큰 흐름이 되었습니다.

이런 시대에는 마음가짐이 달라져야 해요. 불확실성이 공기의 흐름이니 무턱대고 안정성만 찾기보다 불확실성을 인정하면서 그 안에서 생존할 수 있고 성취 가능한 삶을 만드는 방법을 찾아내려고 노력하는 것이 더 효과적입니다.

아마 여러분은 대학이 시대의 흐름을 충분히 따라가지 못하고 있다고 느낄 겁니다. 세상이 대학보다 빨리 변하니까요. 사실 대학과 같은 교육 기관의 변화는 세상의 변화보다 두세 발 느릴 수밖에 없지요. 그러니 자칫 대학에서 하는 좁고 깊은 공부가 뒷북을 치는 일이 될 수도 있겠다는 불안이 생겨납니다. 대학 교육은 무조건 좋은 것, 혹은 성공의 디딤돌이라는 생각은 더 이상 통하지 않아요. 내 삶을 내 스스로 통제하기 어렵다는 불안감, '대학을 꼭 졸업해야 할까?', '이 공부를 계속해야 할까?' 하는 회의감이 대학 생활 내내 학생들을 따라다니지요.

지금 우리가 대학을 이야기할 때는, 대학이 이런 현실 위에 서 있다는 것을 전제해야 합니다. '캠퍼스의 낭만' 보다는 불안과 우울, 회의가 끊임없이 피어오르는 공간 으로서 대학을 이해해야 해요.

대학,
탐색과 소속감의 공간

대학은 어떤 공간일까요? 정신과 의사로서 보자면, 대학이 가진 중요한 역할이 하나 있습니다. 바로 개인의 심리 발달과 정체성 형성에 기여하는 것입니다. 정체성을 만들 시간을 갖는 곳, 기회를 찾는 공간이 바로 대학이지요.

정체성은 무엇으로 구성될까요? 요즘 멘탈, 힐링, 트라우마 같은 심리학 용어가 꽤 흔해졌는데 정체성, 자존감도 그에 못지않지요. 사람들은 심리학 표현 중에서도 이런 단어들을 좋아하는 것 같아요.

사춘기 이전에는 딱히 정체성이랄 것이 없어요. 열한 살, 열두 살까지는 가치관과 판단 기준이 대부분 부모로부터 옵니다. 엄마 아빠가 이게 옳다고 하면 그냥 그런가 보다 하지요. 엄마 아빠가 교회 다니면 나도 따라서 다니고, 엄마 아빠가 술 마시지 말라고 하면 안 되는가 보다 하고 안 마셔요.

하지만 어느 순간 내 것을 만들어야겠다는 생각을 하게 됩니다. 방문을 닫고 싶고, 내 취향대로 내 방을 꾸미고 싶고, 내 옷을 내가 쇼핑하고 싶어지지요. 사춘기가 시작되는 겁니다. 저는 사춘기를 상징하는 말이 바로 이 말 같아요.

"엄마 아빠가 지금까지 나한테 해 준 게 뭐 있어?"

부모 마음에 그야말로 대못을 박는 말이잖아요. 그런데 누구나 그런 말을 할 때가 있어요. 자기 정체성에서 가장 중요한 건 '내 것'이 무엇인가이거든요.

정체성을 처음 만들기 시작하는 10대 때에는 일단 만사를 다 부정하고 봅니다. 부모님이 권하는 것이라면, 좋은 것도 다 싫다는 청개구리 마음이 듭니다. 엄마가 우산

가져가라고 하면 "비 안 와." 하면서 그냥 나간 적이 다들 한 번씩 있잖아요? 결국 비를 흠뻑 맞고 들어오면서도 짐짓 아무렇지 않은 척 표정 관리를 해 본 적 있지요? 그런 과정, 부모님이 정해 준 규칙들을 넘어서 다양한 경험을 해 보고 싶어지는 게 10대의 전형적인 심리예요. 그런 노력 속에서 정체성이 만들어집니다.

내 역사성을 알고, 내 현재 위치를 알고 있으면서 앞으로 내가 어디로 갈지 지향하는 목표가 있으면 정체성이 확립된 사람이에요. 파편화되어 있지 않고 흐름 속에 있는 사람이지요.

20세기 초반까지는 이 정체성이 10대 초반에 시작해서 열여덟 살쯤 되면 다 완성된다고 생각했어요. 하지만 오늘날에는 그보다 훨씬 늦게 마친다는 것이 중론이에요. 저는 특히 한국 사회에서는 그보다 훨씬 뒤에, 20대 후반까지 가야 끝난다고 생각해요.

요즘 같은 시절에 10대에 정체성 확립이 끝난 친구가 있다면, 사실 조금 불쌍한 친구일 수 있어요. 아주 힘들게 산 탓에 빨리 어른이 되어야 했을 가능성이 높거든요. 부모님이 경제적으로 어렵거나 아예 계시지 않고, 어린 동생이나 아픈 할머니를 돌봐야 하는 환경에서 마음고생을 많이 하다 보면 의도치 않게 정체성이 단단하게 확립되어 버리는 경우가 더러 있지요. 이런 경우를 제외한다면 요즘엔 대체로 잘 보호받고 자라다 보니 정체성에 대한 고민이 늦게 시작됩니다.

사회적 정체성의
두 요소

그런데 정체성에는 개인적 정체성과 사회적 정체성 두 가지가 혼재되어 있어요. 개인적 정체성이란 말 그대로 개인적인 삶에 관한 것입니다. 나는 엄마 아빠의 자식인데 어릴 때는 어떻게 살아왔고 지금은 이렇게 살고 있다 하는 것이지요. 반면 사회적 정체성이란 어느 대학을 나왔고, 지금 무슨 일을 하고 있습니다 하는 것이죠.

지금 저는 사회적 정체성을 가지고 여러분과 만나고 있습니다. 여러분도 저와 이야기할 때 '저는 어느 대학에 다니는 누구, 혹은 무슨 일을 하는 누구입니다.' 하고 소개하겠죠. 사회적 정체성을 제게 보여 줄 겁니다. '저희 아버지 이름은 뭔데요.' 하면서 말을 건네는 사람은 없지요.

우리나라에서는 대부분 대학에 들어간 다음부터 본격적으로 사회적 정체성을 만들게 됩니다. 고등학교 때까지는 사회적 정체성이랄 것이 별로 없어요. 기껏해야 동아리 회장 정도가 전부지요.

사회적 정체성을 만들려면 두 가지 노력을 해야 합니다. 하나는 탐색입니다. 그래서 대학생이 되면 뭔가 새로운 게 없나 하고 세상 밖에 많이 나가 보고 싶어지지요. 집 말고 저 너머에 있는, 새로운 정체성을 만드는 데 도움이 될 만한 것들을 찾고 싶다는 본능적 욕구가 생겨요. 여행도 가 보고 싶고 새로운 트렌드가 있다고 하면 발을 담가 보고 싶고, '알바'도 해 보고 싶고 록 페스티벌도 가 보고 싶어요. 돈을 버는 것도 중요하지만 그보다 뭐든 일단 해 보고 싶은 마음이 앞섭니다. 내가 뭘 좋아하는지 모색하는 과정이지요. 직접 다녀 보지 않으면 모르니까요.

또 하나는 어딘가에 소속되는 겁니다. 집과 학교가 아닌, 다른 공간에 대한 소속감을 느껴 봐야 해요. 동아리일 수도 있고, 아주 튼튼한 친구들 모임일 수도 있어요. 아니면 자원 봉사를 시작한 어느 기관일 수도 있고요.

이때 잘못하면 유사 종교 단체나 다단계, 폭력 집단에 빠지기도 하지요. 어릴 때는 내 것이 약하니까 강한 집단에 들어가면 좋기도 해요. 힘들게 내 정체성을 만들기보다 소속감을 통해서 집단과 내가 같이 강해진다는 느낌을 갖는 겁니다. 그 전형적인 것이 독일의 히틀러 유겐트나 중국의 홍위병이지요. 최근에 문제가 된 아이에스(IS, 이슬람 국가)도 그런 것일 수 있어요. 방향은 잘못되었지만, 이 역시 내 정체성을 만들려고 노력하는 과정에서 빠져드는 것이라 할 수 있습니다.

처음 대학에 가면 학생들이 그렇게 술을 마십니다. 이건 동서고금에 별로 예외가 없어요. 제가 대학을 다니던 20년 전에도 그랬고 미국도 별반 다르지 않습니다. 왜 그럴까요? 꼭 술을 마셔야 어른이 되는 것일까요? 술을 다 함께 마시는 건 소속감을 갖기에 좋은 의식이에요. 알코

올은 경계심을 풀어 주고 서로 하나가 되는 듯한 착각을 일으키죠. 또 고등학교에서는 무조건 금지하던 것을 해도 된다는 허락을 받았으니, '일탈의 허가증'을 받은 기쁨을 함께 나누는 효과도 있지요. 이 역시 크게 보면 사회적 정체성을 만드는 과정이라고 할 수 있습니다.

요즘 대학에는 재미난 풍경이 하나 있더군요. '과잠'이라는 것을 단체로 맞춰 입은 학생들을 쉽게 볼 수 있어요. ○○대학교 ××학과를 크게 쓴 점퍼를 다 같이 맞춰서 입고 다녀요. 처음에는 교복을 입던 관성이 남아서 그러는 것일까 하는 생각이 들더군요. 한편으로는 갑자기 던져진 사복의 대학 생활에서 소속감을 유지하고 좀 더 확고히 하고 싶은 심리가 반영된 면도 있다고 봅니다. 그래서인지 '과잠'은 1, 2학년 때 많이 입고, 학년이 올라갈수록 잘 안 입어요. 그 무렵이면 이제 소속감을 통한 사회적 정체성이 충분히 내면화되었기 때문이 아닐까요?

사회적 정체성을 확립하는 과정이 중요한 이유는, 그것이 어른이 되는 과정이기 때문입니다. 정체성을 확립한다는 건 곧 독립할 수 있다는 것과 같습니다. 저는 부모로부터 물리적으로, 경제적으로, 심리적으로 독립할 때 어른이라고 생각해요. 이제 내 인생은 내가 결정하고 그 결정에 대해 책임지면서, 내 권리를 적극적으로 주장하면서 살 수 있지요.

여기서 심리적인 독립이란 단적으로 말하면 "싫어요."라고 말을 하고 그 말에 책임을 진다는 뜻입니다. 쉽죠? 별로 어렵지 않아 보이지만, 의외로 환갑이 되어도 이것이 안 되는 사람이 많아요. 강한 아버지가 있는 경우에 심리적 독립이 잘 일어나지 않기도 하지요.

지금 우리 사회의 문제는, 심리적인 독립을 하지 못해서 사회적 정체성을 확립하지 못하고, 그래서 온전한 어른이 되지 못하는 사람이 많다는 것입니다.

성장을 유예하는 심리적 매미들

얼마 전까지만 해도 우리는 대학에 가면 어른으로 쳐 주었습니다. 대학 입학은 심정적으로 상투를 트는 것과 비슷한 느낌이 있었어요. 그런데 최근에는 그런 추세에서 벗어나고 있습니다. 대학에 간 뒤에도 여전히 아이 취급을 받는 사람이 늘어나고 있어요. 우리만 그런 것은 아니에요. 미국에서도 전통적으로는 열여덟 살이 되어 대학에 진학하면 집을 떠나 독립하곤 했는데, 지금은 상당수가 부모의 집에 눌러살고 있다고 하지요. 집을 일찌감치 떠나는 것은 미국의 문화적 특징이라 치더라도 심리적 문제가 남습니다. 우리나라에는 대학교에 입학하고도 심리적으로 여전히 고등학교 4학년, 5학년, 6학년인 경우가 많습니다.

사실 대학 생활은 그 자체로 부모에게서 독립하는 과정이 되어야 맞습니다. 우선 물리적 독립을 하고, 대학을 다니는 사이에 경제적 독립을 준비하고, 그 두 가지를 통해 비로소 심리적 독립까지 이루어 내는 과정을 거쳐야 하지요. 그럼으로써 부모로부터 완전히 자유로워져야 합니다. 또 사회에서도 일인분의 어른이 될 수 있어야 합니다. 참정권을 행사하고, 납세의 의무를 이행하고, 노동권을 비롯해 다양한 권리를 주장하고 실천하는 어른이 되어야 해요.

그런데 지금 대학생들의 삶에서 이런 종류의 독립은 굉장히 어려워졌습니다. 왜 그럴까요?

첫째, 일단 시간이 없어요. 마음이 어른으로 훌쩍 자라기 위해서는 여유와 성찰의 시간이 필요한데 그럴 시간이 나지 않습니다. 삶에 잠깐의 일탈은 있을지 모르나 학점 관리, '스펙' 만들기, 비싼 등록금과 월세를 위한 아르바이트에 치여 살다 보니 독립을 구체화할 시간이 부족하지요.

이런 이들에게 대학이란 그저 고등학교의 연장선상에 있을 뿐이에요. 고등학교보다 조금 더 고급의 공부를 하는 정도의 차이, 고등학생 때라면 학원에 앉아 있을 시간에 학원 근처 가게에서 아르바이트를 하는 정도의 차이가 있을 뿐이지요. 대학에 가서도 심리적으로 독립할 시간을 얻지 못한 채 그 자리에 멈추어 있는 겁니다.

심지어 그런 기간이 7학년, 즉 대학 4학년에서 끝나지도 않습니다. 전보다 대학을 오래 다니거든요. 요즘엔 대부분 10학기까지 다녀요. 취업 준비를 위해 졸업을 유예하기 때문입니다. 채용 담당자들이 졸업한 지 3년이 지난 사람은 잘 안 뽑으니까요. 또 대학 시절에 어학연수도 다녀오고 각종 '스펙'도 쌓으려면 1년쯤 휴학해야 하니 평균 10학기가 필요해집니다. 8학기 만에 졸업하는 사람이 참 드물어졌어요. 독립을 점점 뒤로 미루고 있는 것입니다.

둘째, 부모님들도 그런 청년들을 '애 취급'해요. 부모님이 보기에 내 자식은 아직 취직도 못 했고 결혼도 안 했으니 내가 밥을 챙겨 주고 돌봐 주어야 하는 아이같이 느껴지지요. 자식 입장에서도 그 편이 편해요. 용돈 받으면서 학교를 다닐 수 있으니까요. 심지어 그것을 권리라고 느끼니 부모를 원망하는 마음도 들어요. '내 친구 부모님은 어학연수도 보내 주는데 왜 우리 부모님은 못 보내 주는 거야?' 하는 마음마저 생깁니다.

사회적인 조건들도 청년들이 계속 나비가 되지 못하고 고치 안에 머물게 해요. 일단 양질의 일자리가 부족합니다. 취직을 했다고 해도, 예를 들어 어느 중소기업에 들어가서 월급 180만 원을 받게 되더라도 교통비와 식대를 내고 나면 남는 것이 별로 없어요. 그러니 그 회사에 큰 비전이 보이지 않는다면 차라리 아무것도 안 하고 집에서 엄마에게 한 달 용돈 50만 원을 받으며 다른 진로를 모색하는 것이 더 나아요.

이건 개인으로서는 아주 합리적인 결론일 수 있어요. 즉 조금 시간이 걸리더라도 처음부터 300만 원, 400만 원의 월급을 받을 수 있도록, 전문직이 되거나 대기업에 들어갈 때까지 계속 도전하는 것이 어떤 면에서는 합리적인 선택이에요. 청년들이 바보라서, 혹은 눈이 높아서 대기업만 바라보는 것이 아닙니다. 좋은 직장을 얻어야 한다는 사회적 압력이 그만큼 강해졌기 때문이니까요.

셋째, 목돈이 없어요. 심리적인 독립은 물리적으로 독립하고 나면 훨씬 효과적으로 진행될 수 있습니다. 그래서 저는 스무 살이 넘으면, 가능하면 부모와 따로 사는 것이 좋다고 권합니다. 그래야 내 생활을 스스로 관리할 수 있거든요. 하지만 현실적으로 우리 사회에서는 경제적인 독립은커녕, 당장 집에서 나와 사는 정도의 독립도 어렵습니다. 독립은 또 그것대로 비용이 굉장히 많이 들거든요.

우리나라는 주거 비용이 매우 많이 들어서 도시에서 청년이 혼자 사는 것이 무척 어려워요. 본인이 사는 도시에서 취업을 하게 되면, 그래서 부모님 집에서 통근을 할 수 있으면 얼마쯤 절약된다고 생각하시나요? 월세와 보증금 대출 이자와, 세금과 생활비 등을 모두 합하면 거의 100만 원쯤 절약되지 않나요? 독립해서 사는 이들에겐 딱 그만큼의 부담이 더 생기는 겁니다. 그 정도로 주거 문제가 커요.

우리나라에만 있는 독특한 주거 제도 중에 전세가 있습니다. 전세는 일종의 사금융이라고 할 수 있어요. 월세가 매달 내가 빌린 집에 대한 비용을 내는 것이라면, 전세는 한 번에 목돈을 집주인에게 맡긴 뒤 계약 기간 동안 사는 것이죠. 세입자 입장에서는 당연히 전세가 유리하지만 사회 초년생들에게는 이 전세금을 마련하는 것이 보통 일이 아닙니다.

우리나라에서는 월세로 집을 구하려 해도 꽤 많은 보증금이 필요해요. 「비정상회담」이라는 텔레비전 프로그램 아시죠? 거기에 출연한 어느 외국인이 이런 이야기를 하더군요. 처음 한국에 와서 살 집을 구할 때 목돈이 없어서 너무 힘들었다고요. 매달 돈을 벌고는 있지만 월셋집의 보증금, 또는 전세금을 낼 만한 거액을 갖고 있지는 않았기 때문이죠. 서울에서 월세를 구하려면 보증금으로 최소한 1,000만 원 이상 필요합니다.

그뿐인가요? 학기별로 내는 등록금도 최소 몇백만 원

이고요, 자그마한 가게를 창업해 보려고 해도 보증금에 권리금이라는 목돈이 필요하지요. 우리나라는 일단 어느 정도의 목돈을 모아야 사회생활을 시작할 수 있고, 주거 안정이 되는 사회입니다.

그러나 갈수록 목돈을 모으는 데 시간이 많이 걸려요. 부모의 도움이 필요할 수밖에 없어요. 부모가 미리 모아 놓은 돈을 자식에게 주지 않으면 독립의 길이 아주 멀지요.

아이러니하게도 부모가 '능력'이 있어서 자식에게 목돈을 물려줄 수 있으면, 그 사람은 몇 년 일찍 독립할 수 있어요. 야구로 치면 2루에 미리 나가 있는 주자라고 할 수 있지요. 그것이 반칙인지 아닌지는 일단 둘째 치고, 세상에는 이런 불균형이 존재하는 것이 사실입니다. 물론 그렇게 부모에게 일부 의존하면서 어른의 삶을 시작한다면 자식이 부모에게 각을 세우면서 독자적으로 자기주장을 하기가 쉽지는 않겠지요. 결혼할 때 전세라도 얻기 위해 부모의 도움을 받을 경우, 마음껏 독립심을 발휘하기는 어려워져요.

어느 학자는 이를 '목돈 사회'라고 표현하더군요. 이 표현은 우리도 바야흐로 자본 소득이 노동 소득보다 더 중요해지는 사회가 되어 간다는 것을 지적하는 말이 아닌가 합니다.

이런 환경이다 보니 우리 젊은이들이 심리적 독립을 해서 어른이 되기가 갈수록 어려워지고 있습니다. 어른이 되는 것이 한없이 유예되는 겁니다. 저는 이런 청년들을 '심리적 매미'라고 묘사해요.

매미를 닮은
청년의 삶

다시 일반적인 어른의 기준을 생각해 볼까요? 흔히 직업이 있고 가족을 꾸렸고 그 가족의 생계를 책임질 수 있으면 비로소 어른이 되었다고 생각할 겁니다. 그런데 오늘날에는 이 정도 기준을 내세우면 아주 높은 곳을 지향하는 것이 되어 버렸어요.

옛날 같으면 직업을 갖고 아이를 낳아서 독립적으로

사는 것이 22, 23세에도 가능했지요. 여학생들은 군대에 가지 않으니 고등학교나 대학을 졸업하자마자 바로 취업하면 20대 초반에도 어른이라고 할 수 있었어요. 예전에는 대학에 안 간 사람이 많았으니까, 남자는 고등학교 졸업 후 바로 군대를 갔다 와서 21, 22세부터 일을 좀 하다가 고등학교 동창이나 동네 후배랑 연애를 하고 그러다 결혼해서 23세쯤에 아이를 낳는 스토리가 흔했어요. 요즘엔 어림없지요.

지금 우리나라의 평균 취업 연령 통계를 보면 남성이 29, 30세까지 넘어가고 여성도 26, 27세까지 갑니다. 평균 취업 연령이 이러니, 결혼 연령은 그보다 더 많아지겠지요? 평균 초혼 연령은 드디어 남자 31세, 여자 30세로 서른을 넘겼어요. 초산 연령은 어떻게 될까요? 처음으로 여성의 초산 연령이 32세를 넘겼습니다.

지난 20년 사이에 모든 것이 6, 7년씩 늦춰졌어요. 취업과 결혼이 옛날에는 5년이면 끝났는데 지금은 그렇지 않아요. 일단 대학을 오래 다니는 데다, 대학원에 가서 석·박사까지 마치는 경우도 많고, 취직한 뒤에도 자리 잡고 돈을 모으는 시간을 가진 뒤에야 결혼해서 아이를 낳을 생각을 할 수 있어요. 옛날 기준대로 하면 마흔 가까이 되어서야 어른이 될 수 있는 겁니다.

이래저래 시작은 늦어지는데 끝은 빨라져요. 지금 우리나라 아버지들은 대기업 기준으로 평균 퇴직 연령이 53세입니다. 하지만 지금 청년들이 53세에 회사에서 정년퇴직하는 것을 기대할 수 있을까요? 퇴직은 그보다 훨씬 빠를 겁니다.

지금 청년들의 삶은 마치 매미와 같아요. 매미는 고치 안에서 8년 동안 있다가 세상에 나오면 고작 한두 달 맴맴 울고 죽어 버리지요. 지금 청년들이 딱 그런 신세예요. 어른이 될 준비만 하다가, '스펙'만 열심히 만들다가 잠깐 어른이 되어 보고는 얼마 안 있다가 은퇴해야 해요.

세상의 모든 젊은이가 이러는 것은 아니에요. 소수지만 과거보다도 더욱 빨리 어른이 되는 사람들도 있습니다. 미국의 실리콘밸리를 보면, 그 동네의 아이티(IT) 기업들에서는 28, 29세에 벌써 매니저가 되는 경우가 흔해요. 대학을 졸업하자마자 실리콘밸리로 오거나 아예 중

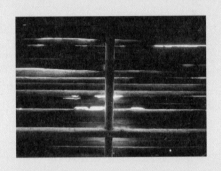

매미는 고치 안에서 8년 동안 있다가
세상에 나오면 고작 한두 달 맴맴 울고 죽어 버리지요.
지금 청년들이 딱 그런 신세예요.
어른이 될 준비만 하다가, '스펙'만 열심히 만들다가
잠깐 어른이 되어 보고는
얼마 안 있다가 은퇴해야 해요.

퇴하고 오니 경력이 7, 8년씩 쌓여도 아직 20대 후반인 경우가 많지요. 그런데도 연봉은 30만 달러씩 되고요.

예외적인 성공 사례를 말하려는 것이 아닙니다. 28, 29세라는 나이는 충분히 어른이 될 수 있는 나이임을 말하는 겁니다. 그런데 우리 사회에서는 대다수의 28, 29세들이 정식 직원도 아닌 인턴 사원으로 일하는 경우가 많아요. 기본 생활도 하기 힘든 '열정 페이'를 받으면서요.

누가 나 좀
건드려 줘

이렇게 청춘들의 인생이 계속 뒤로 밀리게 되면 한국 사회의 동력이 떨어지는 결과를 초래할 뿐만 아니라 개인적으로도 심리적인 성숙이 유예되는 문제가 발생합니다. 이는 단순히 시간이 속절없이 흘러가는 일만은 아닙니다. 스트레스를 동반하게 되어, 여러 가지 문제가 발생할 수 있습니다.

최근 우리 사회에 '묻지 마 폭력'이 많아지고, 필요 이상으로 화내고 짜증내는 사람도 많아지고 있어요. '여성 혐오' 문제도 계속 심각해지고 있고요. 이런 문제들은 전에는 어린아이나, 또는 그만큼 미성숙한 어른들에게서 주로 나타났어요. 그런데 요즘에는 멀쩡해 보이는 성인들 사이에서도 나오고 있어요. 저는 이런 현상이 바로 심리적 성숙이 유예되고 있다는 신호라고 봅니다.

많은 청년이 힘들여 노력한 것이 수포로 돌아가는 경험을 하고 있습니다. 혹은 그저 버티기만 하는데도 힘들어 죽을 것 같다는 느낌을 받아요. 스스로 터지기 일보 직전의 압력밥솥 같다고 느끼고 있어요. "누가 나 좀 건드려 줘. 나 터지기 직전이거든?" 하는 상태지요.

어린 시절에 음식을 잘못 먹어서 체하면 할머니나 어머니가 바늘로 손톱 밑을 콕 찔러서 따 주시곤 했어요. 그러면 검붉은 피가 확 나오면서 급체가 사르르 풀리는 신기한 경험을 했지요. 저는 지금 청년들의 마음이, 바로 그런 바늘을 기다리는 듯한 상태가 아닐까 상상하곤 합니다. 물이 찰랑찰랑 넘칠 것 같으니 차라리 작은 자극이라도 와서, 나라는 부풀어 오른 풍선이 팡 하고 터졌으면 좋겠다는 심정. 상당히 위험한 상황이지요.

그런 '심리적 마지노선' 근처에서 머무르는, 아슬아슬한 감정 상태인 청년들이 늘어나고 있어요. 오랫동안 하라는 대로 공부했는데 노력한 만큼의 보답은 없고, 애써서 일해도 손에 쥐는 돈은 별것 아닌 것 같아 속상한데 위에서는 무조건 더 열심히 하라고 말할 뿐이에요. 이럴 때 누가 툭 건드리면 "울고 싶은데 뺨 때려 줬다."라는 속담처럼 터지기 쉬워요. 그것이 바로 '묻지 마 폭력', 데이트 폭력, 감정 노동자에 대한 욕설이 생겨나는 심리적 메커니즘입니다.

사실 청년들뿐만 아니라 그 위의 세대들 사이에서도 이런 문제가 자주 발생합니다. 멀쩡하게 대학 나오고, 꽤 괜찮은 직장을 다니는 중산층 중에 백화점이나 식당에서 서비스직 종사자들에게 입으로 옮기기 힘든 폭언을 하는 사람들을 간혹 보지요? 대부분 한마디로 "명동에서 뺨 맞고 한강 와서 화풀이하는" 이들입니다.

여러분도 갑자기 감정이 확 치받치는데, 3초만 지나고 나면 '이게 그렇게 심하게 반응할 만한 일이 아닌데…'

라는 생각이 잠깐이라도 든다면, 혹시 내가 생활 스트레스를 그쪽으로 푸는 것은 아닌지 생각해 봐야 합니다.

차라리 '중2 병'이
안전한 이유

저는 오늘날 청년들의 가장 큰 과제는 빨리 어른이 되는 것이라고 생각합니다. 지금 청년들이 해야 할 것은 왜 내 삶이 이렇게까지 유예되고 있는가에 대해 깊이 고민하는 것이에요. 당장은 부모님의 보호를 받고 있으니 잘 느끼지 못할 수 있지만 이건 아주 절박한 문제입니다.

이제 사회의 흐름에 가만히 몸을 맡겨 두면, 성숙이 유예되기가 너무 쉬운 세상이 되었어요. 아이로 사는 것이 당장은 편해요. 하지만 그 상태로는 제대로 된 내 삶을 살기 어려워요. 세상의 흐름을 거슬러서 하루빨리 어른이 되어야 합니다.

빨리 어른이 되려면, 어떻게 해야 할까요? 탐색기를 가져 봐야 합니다. 탐색기를 건너뛰고 어른이 될 수는 없어요. 돌아가는 길 같지만 이게 제일 빠른 길이에요. 그래서 저는 차라리 '중2 병'이 좋다고 조언하곤 합니다.

이따금 '사고'를 치고 부모님 손에 이끌려 저를 찾아오는 대학생들이 있습니다. 고등학교 내내 공부만 하던 친구들이 대학교에 가면 본격적으로 사고를 치기 시작하지요. 엄마 손에 이끌려 제 병원을 찾아왔던 학생 중에 이런 친구가 있었습니다.

이른바 명문 대학에 들어갔고, 한동안 잘 다녔는데 어느 순간 당구에 푹 빠져 버렸습니다. 학교도 빼먹고 밤새 당구만 친대요. 이야기를 들어 보니 평생 일직선으로 살아온 친구예요. 이제 남은 대학 3, 4학년을 잘 마치고 미국으로 유학 가서 박사 학위를 받은 뒤 모교로 돌아와 교수를 하면 좋겠다는 것이 엄마의 야심이에요. 엄마는 이미 일직선의 끝까지 설계해 두었습니다.

그런데 정작 당사자의 입장은 달라요. 친구를 따라 설렁설렁 당구를 쳐 봤는데 세상에 이렇게 재미있는 게 없어요. 적성에 정말 딱 맞아요. 처음에는 아버지도 "나도 젊었을 때 당구 많이 쳤어. 참 재밌었지." 하면서 같이 당구를 치러 다녔는데 아들이 끝없이 당구만 치니 슬그머니 걱정이 들었지요. 이제 아들은 온 가족의 골칫거리가 되어 버렸어요. 이른바 늦바람이 분 거지요. 저는 그 어머니에게 이렇게 조언했어요.

"한 6개월은 그냥 내버려 두세요. 고3 때 그러는 것보다 100배 낫잖아요. 고3 때 그랬으면 아마 이 대학 못 왔을 텐데 이미 대학도 들어왔고, 군대도 잘 갔다 왔으니 1년쯤 이렇게 원 없이 놀아 봐도 돼요. 그래야 그다음 단계로 갈 수 있어요."

그런데 어머니는 그저 조바심을 내시더군요. 경쟁 사회인데, 학점을 잘 받아야 좋은 대학원에 가는데, 그래야 미국 유학을 갈 수 있는데 하는 생각에 마음이 급해지는 겁니다. 그렇다고 이때 막으면 그 친구는 어떻게 될까요? 서른다섯 살쯤 되어서 또 비슷한 사고를 칠 겁니다. 고위 공무원이 되어서 일탈하는 사람들, 결혼해서 잘 살다가 갑자기 '이게 사랑인가 봐.' 하면서 인턴 사원과 불륜에 빠지는 사람들에 관한 뉴스는 결코 드물지 않잖아요.

그래서 차라리 중2 병이 제일 좋아요. 중2 때 한번 크게 치르고 나면 이보다 더 안전할 수 없어요. 중2는 사고를 치기에 가장 안전한 시간이에요. 공부? 중3부터 하면 돼요. 그때부터 열심히 하면 원하는 대학에 가는 데 아무 지장 없습니다.

갭 이어가
필요하다

그다음으로 안전한 시기가 대학교 1, 2학년 때입니다. 이때는 인생에 한 번쯤 놀아도 돼요. 미국이나 유럽에는 '갭 이어(gap year)'라는 것이 있어요. 대학에 합격하고 나면 1년간 입학을 유예받을 수 있는 제도지요. 그 1년 동안 봉사도 하고 여행도 하면서 세상을 경험하라는 거예요. 해 볼 만한 일이지요. 오바마 전 미국 대통령의 딸 말리아가 하버드 대학에 입학 허가를 받고 난 다음에 갭 이어를 가진 것으로 유명했지요. '해리 포터' 영화 시리즈에 나오는 에마 왓슨도 갭 이어를 경험했고요. 청년들에게는 그런 시간이 한 번씩 필요합니다.

청년들이 사고를 치는 것은 어떻게 보면 불가피한 일입니다. 정체성을 찾는 과정에서 과도한 탐색을 하기도 하니까요. 사고를 치면서까지 치열하게 내 정체성을 확립하는 것이 대학이라는 곳에서 우리가 해야 하는 일입니다. 그런 경험을 두루 겪고 나면 비로소 '현실적인 꿈'을 가질 수 있지요. 작지만 실현할 만한 것들을 스스로 찾을 수 있게 됩니다.

　　정치인 중에는 "20대 초반의 학생 운동이 나를 만들었어." 하면서 그때 가졌던 사명감과 소속감이 자신의 평생을 규정한다고 생각하는 사람이 적지 않습니다. 또 어떤 사람은 계속 여행을 다니면서 노마드처럼 떠돌아다니는 것이 자신의 정체성이라고 생각해요. 대학에서는 바로 그런 것을 해 봐야 해요. 그런 것이 허용되어야 해요. 이건 결코 시간 낭비가 아닙니다.

　　물론 정체성을 찾아가는 모든 활동은 취업이나 자격증 취득에 도움이 되는가의 관점에서 보면 완전히 시간 낭비처럼 보입니다. '스펙'을 쌓기 위해 짜여 있는 일만 죽어라 하기도 바쁜 세상이니 더욱 그렇지요. (그런데 최근 기업들은 또 갑자기 '무스펙'을 부르짖어요. 너도나도 비슷한 '스펙'을 갖추고 있으니 그중에서 인재를 찾기가 어려운 데다 또 화려한 '스펙'이 업무 능력이나 인성을 보장하지 않는다는 사실을 그들도 알기 때문이지요. 하지만 '무스펙'만큼 학생들을 괴롭히는 것도 없어요. 사실 '무스펙'이야말로 진정한 '멀티 스펙' 아닌가요? 토익 점수도 높으면서 해외여행도 많이 다닌 사람을 찾는다니, 학생들 입장에서는 두 배로 괴로워지는 상황이지요.) 정체성을 찾는 활동들의 결과는 꽤 나중에야 나오는 데다 어떤 결과가 나올지 알 수가 없거든요. 어떤 경험은 대기업에 들어가는 데 도움이 될 수 있고, 창업에 도움이 될 수도 있고, 때로는 완전히 새로운 공부를 하고 싶은 마음이 드는 데에 도움이 될 수도 있어요. 아니면 부모님이 하시는 일을 이어받는 게 좋겠다는 결론을 내는 데에 도움이 되기도 하지요. 부모님이 식당을 하시는 게 어릴 때는 부끄러웠는데 어른이 되어 보니 갑자기 달리 보이기도 해요. 대학을 다니면서 이것저것 해 보니 이만한 것이 없다는 결론을 스스로 내리는 겁니다.

결과적으로는 그렇게 아름답게 마무리될 수 있지만,

그 과정 속에 있을 때는 한 치 앞을 볼 수 없으니 답답할 수밖에 없지요.

저는 결코 캠퍼스의 낭만, 청춘의 낭만을 이야기하는 것이 아닙니다. 시대를 거슬러서 빨리 어른이 되라고 주문하고 있는 겁니다. 어른이 되려면 내 정체성을 찾아야 하고, 그러려면 탐색 과정에 대해 본인이든 주변 사람들이든 좀 더 관대해질 필요가 있습니다.

2

대학에서
마주치는
감정들

불안과 우울,
닮았지만 다른

불확실성의 시대에는 많은 심리적 갈등이 생겨납니다. 이제부터는 대학을 다니는 동안 학생들이 가질 만한 여러 문제적인 감정들에 대해서 이야기해 보겠습니다.

저는 대학 병원에서 진료를 하는데, 근무하는 병원이 학교 캠퍼스와 붙어 있다 보니 대학생들도 많이 만나는 편입니다. 의외로 우울증이나 공황 장애 같은 불안 증상을 호소하며 병원을 찾는 학생이 많아요.

우울과 불안 증상은 치료가 가능해요. 증상의 여러 의

미를 이해하고 잘 다루면 금세 나아질 수 있습니다. 그렇지만 안타깝게도 대부분 병을 너무 키운 다음에야 병원을 찾더군요. 학업이나 학교생활을 하는 데 어려움이 생긴 초기에 찾아오면 좋으련만 한참 동안 병을 키워서야와요. 이미 한두 학기 휴학을 했거나, 학사 경고를 맞고 난 다음에, 생각의 틀이 부정적인 방향으로 굳어져 버린 다음에야 병원에 찾아올 용기를 내는 거예요. 그러면 치료하는 데에도 시간이 더 많이 걸립니다. 지금도 많은 사람이 병원을 찾지 않고 병을 키우고 있을지도 몰라요. 그런 친구들을 위해서 몇 가지 이야기할게요.

인생이 가장 즐겁고 체력적으로도 가장 건강한 20대 시절에 왜 우울과 불안이 많을까요? 10대 시절부터 그런 증상을 앓던 사람도 있지만, 대학에 들어와서 처음 경험하기 시작한 사람도 많아요. 먼저 불안과 우울의 의미부터 이해해 볼까요?

이 두 감정은 원래 우리 마음 안에 존재하는 것입니다. 암 세포나 병균같이 있어서는 안 되는 것이 아니에요. 우리가 우울과 불안이라고 이름 붙이고 나니까 병리 현

상처럼 인식하게 되었을 뿐, 실제로는 인간이 생존하기 위한 마음의 시스템이라고 보아야 합니다.

지금 내가 서 있는 현재를 중심으로 우울은 과거를, 불안은 미래를 향하고 있어요. 불안은 미래에 일어날 어떤 일을 준비하기 위해 내 안의 자원을 동원하려는 노력입니다. 적당하면 '긴장'이라고 부르지만 지나치면 '불안'이 됩니다. 인간은 미리 걱정하고 대비하는 존재예요. 그 덕분에 우리는 추위를 막기 위해 지붕을 올려 집을 짓고, 비가 올 것 같으면 우산을 들고 나가고, 겨울이 오기 전에 농사지은 것을 모아 놓습니다. 사실 어떤 상황에서도 불안을 느끼지 않는다면 그것도 문제예요. 시험 전날에 에프(F) 학점을 맞을지도 모른다는 불안이 있어야 공부를 하지 않겠어요?

그런데 앞으로 다가올 일을 실제보다 큰 일, 혹은 위험한 상황으로 착각하고 과잉 대응을 한다면? 그때는 긴장을 넘어 불안으로 가지요. 결과적으로 불안이 증상으로 경험되는 것입니다.

한편 우울은 과거를 향해요. 우리는 이따금 지나온 과

거에 대해 반성하고 후회하잖아요? 경우에 따라서는 자책도 하고요. 적당한 반성과 후회가 없다면 변화할 수 없고, 분발하지도 않을 거예요. 그냥 살던 대로 살 뿐이겠지요. 누구나 언제든 실수할 수 있고, 또 생각한 것이 틀릴수도 있어요. 적절하게 돌아보면서 후회하고, 반성하는 것은 꼭 필요하죠. 반성과 후회가 없는 사람이야말로 사이코패스입니다.

하지만 그것이 지나쳐서 내가 하루를 살아갈 에너지를 고갈시킬 정도가 되고, 지금까지 살아온 삶이 아무 의미 없는 실수투성이로만 보이면 우울증이라고 할 만한 상황이 됩니다. 어쩔 수 없이 잘 안 풀린 상황을 두고도 내 탓이라 자책하고, 내가 한 모든 선택이 다 틀렸다고 여긴다면 앞으로 더 살아갈 필요조차 없다고 느껴지지요. 그때는 우울의 늪에 빠지기 쉽습니다.

왜 우울과 불안에
취약한가

20대에는 유난히 우울과 불안에 취약해요. 왜 그럴까요? 일단 생물학적으로 보면 20대의 뇌는 성인의 뇌로 완성되어 가는 중이라 다소 불안정한 면이 있어요. 뇌에서 스트레스에 취약한 부분이 민감하게 반응할 가능성이 있습니다.

사회적으로 보면 20대는 말 그대로 예민한 시기입니다. 집과 학교만 오가다가 처음으로 사회적 관계를 맺어야 하는 대학이라는 공간으로 나오면 모든 것이 낯설 수밖에 없어요. 수강 신청도, 시간 조정도 내가 해야 해요. 전혀 다른 배경에서 살아온 동기들, 선배들과 어울리는 것도 스트레스가 될 수 있지요. 이런 변화를 호기심과 즐거움으로 받아들이면 건강한 대학 생활이 되겠지만, 마치 서울 사람이 갑자기 아프리카 한복판에 던져진 것처럼 어색하게 여긴다면 그때는 불안과 긴장의 연속이겠지요. 그러면 지치게 되고 '내가 왜 여기를 오려고 했을까?'

하는 우울로 이어지기 쉽습니다.

게다가 과거에 비해 대학 생활이 만만치 않습니다. 제가 대학을 다닐 때만 해도 처음 1, 2년은 신나게 놀기만 했어요. 수험생 스트레스를 풀고도 남을 만큼, 아니 지나칠 만큼 놀다가 지치면 그제야 공부를 좀 해 볼까 하고 생각했었죠. 그래도 늦지 않았어요. 그런데 지금은 어떻죠? 그랬다가는 큰일 난다고 여기는 사람이 훨씬 많을 거예요. 3월에 잠깐 신입생 환영회다 뭐다 쫓아다니다가도 4월이 되면 곧바로 고3 때 이상으로 열심히 공부를 하기 시작합니다. 1학년 때 벌써 4학년 졸업 후를 바라보고 달리기 시작하죠. 앞이 보이지 않으니 더욱 긴장하면서요. 모두가 비슷한 느낌을 갖겠지만 그중 일부는 힘에 부쳐 자기가 견딜 수 있는 긴장의 선을 넘어설 수 있습니다. 그러면 어느 순간부터 불안해서 견딜 수 없고 어서 여기서 벗어나고 싶다는 생각만 하게 될 수 있어요.

우울한 기분도 아마 '내가 여기 온 게 맞는 건가?'라는 생각에서부터 시작될 겁니다. 성적에 맞춰서, 부모님이 원해서, 혹은 추가 합격으로 대학에 들어오고 보니 무언가 후회스러워요. 더 나은 학교에 갈 수 있을 것 같고 여기가 아무래도 나에게 어울리지 않는 것 같아요.

반대의 경우도 가능해요. 진짜 운 좋게 괜찮은 학교, 학과에 붙었어요. 그런데 막상 가 보니 장난이 아니에요. 역시나 여기에 어울리지 않은 사람이 얼떨결에 와 있는 것인양 겉도는 기분이 사라지지 않아요. 노력은 하지만 매번 힘에 부쳐요. 그럴 때도 우울해지기 쉽습니다.

더욱이 요새는 '반수'나 재수, 편입을 하는 사람이 많은 데다 1, 2학년 때에는 학부 단위로 수업을 듣는 학교가 많아요. 그러다 보니 과거와 달리 친구나 선후배 간에 긴밀한 관계를 맺고 서로 챙기는 분위기가 줄어들었어요.

대학에서 새로 친구를 사귀기보다, 고등학교 시절의 친구들과 계속 어울리려는 학생들도 많아요. 동아리 활동은 사치스럽다고 여기고 아르바이트하느라 시간도 없다 보니 애초에 새로운 친구를 사귈 기회가 적지요. 자연히 학교의 학생들 공동체에서 멀어져요.

그러다가 우울증에 빠지면 문제가 생겨요. 혼자 방 안에서 한 달 가까이 칩거하고 있어도 아무도 찾아오지 않고 신경 쓰지 않게 되니까요. 수업에 빠져도 챙겨 주는 친구가 없어요. 누군가 보이지 않아도 '다른 대학에 가려고 재수를 하나 보다.'라고 지레짐작하고는 먼저 연락하지 않는 게 예의라고 여기기도 해요.

제가 대학에 다닐 때에는 기숙사에 살든 하숙이나 자취를 하든 여럿이 모여서 살다 보니 이삼일 이상 '잠수'를 타는 것이 원천적으로 불가능했어요. 하지만 지금은 대부분 혼자 살고, 독립적으로 지내다 보니 편한 점도 있지만 이런 부작용이 발생합니다.

불안과 우울이 깊은 사람이라면 이런 메커니즘을 이해해야 해요. 그래서 본인에게 문제가 발생하거나, 혹은 주변 친구에게 문제가 있는 것 같다는 생각이 들면 바로 전문가를 찾아가야 합니다. 이 두 증상이 너무 심해져서 일상생활이 어려울 정도가 되면 지체 없이 병원을 찾거나, 최소한 학교의 상담소, 보건소라도 가야 해요. 수업에 참석하는 것도, 아르바이트를 가는 것도 힘들고, 힘들어

서 집에 왔는데 집에서도 계속 안절부절못한다면, 먹고
자는 리듬이 깨져서 뒤죽박죽이 된 상태가 2주 이상 지속
되고, 불안하고 초조해서 버스를 타는 것조차 힘든 수준
이 된다면 증상이 꽤 심각한 상태입니다.

정상의 범위를
넓히기만 해도

그만큼 심한 수준은 아니지만 늘 우울한 기분이 마음
속에 있고, 긴장과 불안 때문에 몸에 힘이 들어간 채 지내
다 보니 항상 머리가 아프고 화장실을 자꾸 들락날락할
때가 있을 거예요. 이때는 우선 마음의 세팅을 바꾸려는
노력이 필요합니다. 이 과정도 전문가의 도움을 받으면
더 좋겠지만, 일단 혼자 할 수 있는 방법을 알려 드릴 테
니 최대한 노력을 한번 해 보세요.

먼저 불안에 대해 이야기할게요. 불안과 긴장은 우리
몸의 관점에서 보면 같은 반응의 다른 이름이라고 앞서
말씀드렸습니다. 어떤 일이 닥쳤을 때 우리는 먼저 평가

를 한 뒤 그에 대응해서 적절한 반응을 합니다. 이때 상황을 실제보다 훨씬 위험한 수준으로 인식하거나, 필요 이상의 과잉 대응을 하는 것이 바로 불안 때문입니다. 이런 불안은 내 삶의 반경을 줄이고 에너지를 소모하게 하지요. 불안을 느끼면 먼저 내가 지금 주변 상황과 내 현실을 비합리적으로 위험하게 받아들이고 있는 것은 아닌지, 또 내가 가야 할 지향점이나 목표를 너무 높게 잡은 것은 아닌지 점검할 필요가 있어요.

'정상'의 범위를 아주 좁게 잡는 사람이 많아요. 10점 만점이면 무조건 9점 이상이 되어야 정상이고, 8점부터는 실패라고 보는 사람은 매번 얼마나 긴장이 되겠어요? 그런 긴장은 쉽게 불안으로 전환됩니다. 이런 사람들은 단순히 '정상의 범위를 넓히기만 해도' 크게 나아집니다.

'6점만 넘겨도 괜찮아. 9점 이상이면 엄청 잘한 거지만 맨날 그럴 수는 없잖아?' 하고 정상의 폭을 바꿔 보세요. 그런 생각의 전환만으로도 훨씬 숨통이 트이고, 과잉 반응을 할 이유가 없어지니 불안한 마음도 많이 줄어듭니다. 저는 그것을 'That's enough 정신'이라고 불러요.

"이 정도면 됐어."라고 내가 나에게 말해야 해요. 물론 세상은 힘들고 경쟁도 치열하니, 최선을 다하려는 태도는 필요해요. 그런데 그것이 지나치면 무언가 제대로 해 보기도 전에 불안 때문에 제풀에 지칠 수 있어요.

내 마음이 계속 불안과 긴장 속에 있다면 지금 내가 인식하고 있는 주변의 현실을 냉정하게 재점검해야 합니다. 상황을 재평가하고 정상의 범위를 넓히고 나면 불안의 수위가 차츰 낮아져서 적당한 긴장의 범위 안으로 들어올 겁니다.

에너지가
적자가 날 때

그럼 우울로 가 볼까요? 약간 우울한 상태는 사실 인생에 도움이 됩니다. 중립적이고 객관적인 현실 인식을 하게 해 주거든요. 평소에 우리는 '근자감'(근거 없는 자신감)이 조금씩 있어서 세상을 다소 낙관적으로 보는 경향이 있어요. 우울할 때 친구들이 한마디 하는 말이 아프게 들리는 이유도, 그게 맞는 말이기 때문이에요. 그렇지만 우울한 느낌이 오래 지속되면 '이게 원래 내 성격인가?' 싶어질 수 있어요. 부정적이고 냉소적인 태도가 몸에 배어 버리는 것이죠. 그건 바람직하지 않습니다.

우울함은 우리 마음의 에너지가 소진되어서 적자로 운영되는 상태라고 할 수 있어요. 그러다 보니 나대지 않게 해 주고, 보수적으로 생각하게 해 주는 좋은 점도 있지요. 그런데 그것이 지나치면 자기만의 굴 안으로 숨어 들어가서 그 안에 머물게 하는 부작용이 있어요. 자꾸 뒤로 물러나고 싶고, 사람도 만나기 싫고, 좋은 제안이 들어와도 거절하고 싶어지지요. 다 부질없고, 지금 겨우 하루하루 살아가고 있는데 새로운 일을 하거나 친구를 만나 돌아다니다가 '방전'되면 낭패가 될까 봐 두려워집니다.

이럴 때는 우울과 후퇴라는 악순환의 고리를 끊고 전진의 선순환으로 바꾸려는 적극적인 태도가 필요합니다. 가장 손쉽게 할 수 있는 것을 하나 제안할까요? 바로 '기본'을 먼저 하는 거예요.

먼저 내가 최소한 기본은 하고 있는지 점검해 보세요.

아침에 일어나서 학교에 가고, 수업을 듣고, 과제를 하고, 모임이 있으면 한두 번은 나가고, 밤에 일정 시간 이상 자고, 하루 두 끼는 먹는다? 그러면 기본은 하는 거예요. 내가 추구하는 이상적 목표는 아주 높은 데 반해 내가 처한 현실은 너무 낮게 느껴질 때 우리는 우울함을 느껴요. 새벽같이 일어나서 운동하고, 학교에 제일 먼저 가고, 수업 시간에 주도적으로 발표하고, 교수님의 관심과 애정을 받고, 과 학생회와 동아리 활동도 열심히 하고, 밤에는 아르바이트를 하면서 장학금도 받는 대학 생활을 바라면 보통의 삶이 시시하게 느껴질 겁니다. 우울할 때는 높은 목표를 바라보는 것을 멈추고, 본인이 아주 기본적인 것들을 하고 있는지 점검하세요.

그중에서 안 되는 것이 있으면 그것부터 하나하나 해내 보세요. 기본이니까 하는 거예요. 수업에 빠지는 것을 멈추고, 같이 먹을 사람이 없다고 거르던 밥을 혼자서라도 먹고, 모임이 있으면 무조건 빠지기보다 뒷자리에라도 앉아서 삼겹살을 한두 점 먹고, 친한 친구랑 이야기하다 오세요. 밤이 되면 자고 아침이 되면 일어나는 것, 옷을 깨끗하게 입어서 내 차림새를 너무 누추하게 하지 않는 것도 중요해요. 일상의 리듬을 지켜 나가는 것, 생리적 리듬을 정상화하는 것이 우울에서 벗어나 정상 범위 안의 기분을 유지하는 기본 중의 기본입니다.

별것 아닌 것 같은 기본을 지켜 나갈 수 있게 되면 기분이 전보다 훨씬 나아질 거예요. 최소한 확 무너져 버릴 것 같은 두려움, 일상의 스트레스에 날아가 버릴 것만 같은 두려움은 줄어들 겁니다.

외로움,
허기와 비슷하다

기분이 처지고 죄책감
이 들고 아무것도 하기 싫은 우울함 말고 그냥 외로움도
있지요. 이런 외로움이 사실 더 흔하게 느껴지는 감정입
니다. 우울증은 다소 병리적 측면이 있는 감정이지만, 외
로움은 그와 비슷하긴 해도 다른 관점에서 봐야 해요.

외로움이란 나만 혼자인 것 같고, 그래서 누군가와 함
께하고 싶은 욕구가 생기는 감정이라고 할 수 있어요. 저
는 외로움은 인간이라면, 아니 동물이라면 누구나 갖고
있는 본능적 영역의 감정이 아닌가 해요. 외로움을 느낄

때에야 비로소 사람은 사회적 유대감의 필요성을 절감하게 됩니다. 외로움은 단절되었던 혹은 위기에 빠졌던 관계를 복원해야겠다는 결정을 내리는 자극제가 되지요. 실제로 외로움을 느낄 때 뇌를 촬영해 보면 신체적 고통을 느낄 때와 같은 부위가 활성화된다고 해요.

인간은 누군가와 함께해야 안전하다고 느끼고, 따뜻하고 편안해져요. 그런데 한편으로 인간은 독립적으로 살고 싶어 합니다. 대학 시절은 가뜩이나 부모로부터 독립하는 것이 가장 중요한 시기이다 보니 독립에 대한 욕구가 아주 강할 때예요. 혼자 살아 보고 싶은 마음이 들기 쉽지요. 또 지금 내가 어울리고 있는 이 대학의 학과 사람들, 또는 동아리 사람들이 모두 나와 어울리지 않는 것 같거나, 어딘가 내가 겉돈다는 느낌이 들 때도 이들과 거리를 두고 혼자 지내고 싶어집니다. 혹은 누군가에게 마음을 주고 나서 된통 당한 다음에도 '믿을 만한 사람이 없어.', '다시는 마음을 열지 말아야지.' 하면서 차라리 혼자인 게 낫다는 생각이 들기도 합니다.

그럴 때 처음에는 혼자만의 섬에서 사는 것이 좋아요.

고독이 달콤해요. 자기만의 방에서 혼자 지내도 고등학교 때와 달리 뭐라고 하는 사람도 없고, '혼밥'(혼자서 밥을 먹는 것)도 처음에야 쑥스러웠지만 하다 보니 도리어 편하고, 시간과 돈을 아낀다는 장점도 있어요.

그런데 그러다 보면 어느 순간 외로움이 밀려올 겁니다. 우울증과 달리 외로움은 꼭 필요한 감정이에요. 외로움을 느껴야 사람들을 다시 만나고 싶어지니까요.

외로움을 잘 느낀다고 해서 사회성이 떨어지는 것은 아니라는 점도 분명히 해야겠어요. 어찌 보면 외로움은 배고픈 느낌이랑 비슷해요. 누구나 느끼는 마음이라는 뜻이지요. 배가 고프면 뭔가 먹고 싶어지잖아요. 허전한 마음이 들고요. 위가 비면 배가 고프듯 누군가가 옆에 없으면 외로워지는 겁니다. 이건 우울한 것과 달라요. 우울할 때에는 다른 사람을 만날 엄두가 안 나요. 그럴 의욕도, 힘도 없어요. 누가 다가와도 부담스러워요. 그에 비해 외로울 때에는 마치 배고플 때 시장을 찾아가듯 사람에게 다가가고 싶어집니다. 우울이 후진 기어라면 외로움은 전진 기어와 같습니다.

고등학교와는 비교할 수 없이 큰 대학 캠퍼스에 있으면 나만 혼자 있는 것 같은, 존재감이 없다는 느낌이 들기 쉬워요. 특히 지방에서 올라와서 자취하거나 기숙사에서 지내는 학생들은 더욱 그럴 수 있어요. 이럴 때 느끼는 외로움을 우울함과 혼동하지 마세요. 배가 고플 땐 뭐라도 먹고 싶듯이, 누군가와 함께 있고 싶다는 본능적 욕구가 생긴 것이니까요.

그럼 외로울 때는 어떻게 해야 할까요? 간단합니다. 누가 부르면 나가세요. 굳이 '쿨'한 척할 필요 없습니다. '쿨'하려다 자칫 얼어 죽을 수 있어요. 그간 조금 낯설고 부담스러워서 거리를 두고 지냈을지라도 외로움이 그 낯섦과 부담을 줄여 줄 겁니다. 외롭다는 느낌을 그대로 안은 채 문밖으로 나가세요. 사람들과 어울리는 자리에서 막 활달하게 떠들고, 술을 벌컥벌컥 마시라는 뜻이 아니에요. 그냥 그 자리에 있어 보세요. 구석에서 조용히 있어도 좋아요. 가끔 이야기에 끼어들어서 맞장구치면 그것만으로 충분해요. 여러분이 중심이 될 필요는 없어요. 그러면서 서서히 사람들과 가까워지면 외로움도 줄어들 겁니다.

혼란,
고민이 실타래처럼 엉킬 때

대학생이 되면 아무래도 머릿속이 복잡해져요. 고등학생 때도 힘들기는 했죠. 진로 걱정, 친구나 부모와의 갈등이 있었지요. 그렇지만 대학생이 되면 고민이 두 단계 정도 '업그레이드'됩니다. 일단 관계의 규모가 커져요. 동아리 활동이나 봉사 활동을 하면서 다양한 배경의 친구들을 만나게 되고, 선후배와의 교류도 많아지지요. 또 아르바이트나 다른 사회적 활동을 하면서 접하게 되는 사람이 팍팍 늘어납니다.

아는 사람이 서너 배로 마구 늘어나는 만큼 관계의 복

잡성은 커지고, 그 사이를 원만하게 풀어 가는 법에 대한 고민도 늘어나요. 게다가 과거와 달리 부모님도 "이제는 네가 알아서 해라.", "네가 좋아하는 대로 해라."라고 말씀하시는 빈도가 늘어나요. 나 혼자 결정하고 그 결과도 내가 책임져야 해요. 전에는 부모님이 하라는 대로 해서, 잘되면 내가 열심히 한 덕분이라고 생각하고, 잘 안 되면 '이렇게 하라고 시킨 부모님 탓'으로 돌리면 되었는데 이제는 꼼짝없이 모두 내 탓이에요. 마음 같아서는 '열심히 노력했지만 주변 환경이 좋지 않았고 운이 따르지 않았다.'라고 위안하고 싶지만 그런 위안이 매번 가능한 것도 아닙니다.

고민이 많을 때는 어떻게 하면 좋을까요? 몇 가지 방법을 알려 드릴게요. 저도 대학 시절에 이런저런 고민을 참 많이 했어요. 고3 때까지 저는 화학을 전공하고 싶었어요. 대학 원서를 낼 무렵에는 건축에도 관심이 있었고요. 의대를 가기로 결정한 것은 정말 우연히, 며칠 만에 주변의 권유에 혹해서였어요. 떨어져도 2지망으로 가고 싶은 데를 가면 되겠지 하는 생각에 한번 원서를 내 봤지요.

그렇게 들어간 대학이다 보니 저는 의대만 바라보고 온 친구들과 달리 좀 겉돌았어요. 성적도 썩 좋지 않았고 본과에 가서 방황도 했지요. 만약 지금 제가 알려 드리는 이 방법을 그때 알았다면 마음고생을 훨씬 덜 했을 것 같아요.

고민을 할 때 누구나 '이게 최선일까?'라는 생각 때문에 망설이지요? 가능하면 최선의 선택을 하고 싶은 욕심이 있으니 고민의 목표는 당연히 최선을 찾는 것이 됩니다. 그런데 바로 이것이 잘못된 전략입니다.

최선을 찾으려면 너무 많은 요소를 검토해야 해요. 예를 들어 지원 대학을 선택할 때 나의 적성, 내가 하고 싶은 공부, 학교의 인지도, 집과의 거리, 나중의 취업 전망, 학과 교수들의 업적과 성향, 학교 분위기, 장학금 현황, 기숙사 입사율, 교통 편의성까지 하나하나 다 내게 딱 맞는 곳만 지원한다고 생각해 보세요. 아마 갈 수 있는 곳을 찾기가 무척 어려울 겁니다. 아예 없을 가능성이 높아요.

최선의 선택을 하기 위한 고민에 들어가는 시간과 노력도 비용이에요. 어차피 최선의 선택인지 아닌지 출발

선에서는 결코 알 수 없는데 고민하는 데 시간을 너무 많이 들이게 되면, 같은 선택을 하더라도 내 만족도가 훨씬 높아야만 해요. 고민에 들인 시간과 노력까지 보상받아야 하거든요.

더욱이 열 가지를 고려하고 출발하게 되면 그중에 한 가지라도 예상과 다를 경우 실망하기가 쉽습니다. 또 검토하지 않았던 11번, 12번째 이슈가 나와서 문제가 발생하면 더욱 실망하기 마련입니다. 목적지에 도달하기도 어려워지지요. 그러니 모든 것을 다 검토한 뒤에야 비로소 선택을 하겠다고 고민을 거듭하다 보면 오히려 손해 보기가 쉬워요.

그보다는 "절대 이것만은 싫어." 하는 마음이 드는 최악의 선택을 걸러 내려는 노력부터 해야 합니다. 이런 것은 솔직히 몇 가지 안 되니 거르기도 훨씬 쉬워요. 푸드코트에서 뭘 먹을까 고민할 때, "난 매운 것은 싫어."라고 최악을 걸러 내면 선택의 폭이 줄어들죠. 최악을 걸러 내고 나면 차선과 차악이 남으니 그다음에는 뭘 골라도 돼요. 마음 가는 대로 고르세요. 최소한 최악은 아니라는 것을 지금 확인했으니 중간에 크게 실망할 가능성이 크게 줄어들어요. 최선을 고민하는 것보다 최악을 거르는 전략이 훨씬 유용합니다.

일단
느낌이 오면

고민이 너무 많을 때는 단번에 모든 것을 해결하려고 하지 마세요. 고민은 엉킨 이어폰 줄을 풀듯이 풀어야 합니다. 엉킨 이어폰 줄을 풀 때 마음이 조급하다고 확 당겼다간 더 단단히 조여지고 말지요.

엉킨 실타래를 풀 때에는 물에 담그라고 하더군요. 그러면 실이 물을 머금고 풍성해지면서 그 안에 공간이 생긴다고 해요. 그러면 시간을 두고 맨 바깥의 실부터 하나씩 풀어 가면 됩니다. 이어폰 줄이든 실타래든 한 번에 확당겨서 풀리는 경우는 없습니다. 그건 마술 쇼에나 나오는 일이에요.

고민이 뭉게뭉게 올라올 때는 실을 연상하세요. 가

장 바깥에 있는 것, 즉 당장 결정해야 하는 것, 구체적이고 분명한 것부터 하나씩 단계적으로 풀어 나가는 겁니다. 고고학자가 이집트 유물을 발굴하려고 땅을 파 내려갈 때처럼 조심조심 풀어 가면 대부분의 고민이 풀릴 거예요.

어떻게 해도 도저히 풀 수 없을 만큼 단단한 상태라면? 그대로 두는 것이 정답입니다. 때로는 시간이 해결해 주니까요. 엉킨 실타래를 두고 보면서 버티는 능력이 바로 자아의 힘이에요. 애매하고 골치 아픈 상황을 그냥 두고 볼 수 있게 되는 것, 그것이 어른이 되어 가는 과정입니다.

이렇게 두 가지 원칙을 갖고 지낸다면 대학 생활 중에 다가올 수많은 복잡한 고민들을 해결하는 데 훨씬 힘이 덜 들고 나중에 후회할 일도 줄어들 겁니다. 또 최소한 고민만 하다가 무엇 하나 제대로 해 보지 못한 채 지쳐 버리는 일은 없을 겁니다.

그리고 일단 '느낌'이 오면 무엇이든 해 보세요. 계속 망설이면서 이게 최선일까 생각만 하다 보면 타이밍을 놓치기 쉬워요. 직업을 예로 들어 볼까요? 가장 확실한 직업만 찾는다면 남는 것은 아마도 '공무원'뿐이겠죠. 그 때문에 노량진에서는 수많은 청춘이 학교도 포기하고 공무원 시험을 준비하고 있지요. 공무원이 나쁘다는 것이 아닙니다. 안정적인 직업이니, 그런 면에서 최선의 선택일 수 있어요. 그러다 보니 경쟁률이 높고, 애써서 공무원이 된 다음에 얻는 것이 오직 안정성뿐일 수 있다는 점이 걱정이지요.

저는 학생들에게 마음 안에서 '딱 이거야!', '오, 땡기는데?'라는 마음이 들면 과감히 한번 질러 보고, 해 보라고 조언합니다. 그건 20대 초반의 특권이에요. 20대는 시간을 낭비해도 되는, 시행착오를 해도 되는, 미친 척 해봐도 되는 나이예요. 그런 경험이 나중에까지 인생에 중요한 자양분이 될 거예요.

망설임이라는 건 대체로, 과거의 데이터를 토대로 판단하려고 들 때 생겨납니다. 과거에 내가 이랬었어, 혹은 전에 누가 해 봤는데 어떻다더라 하는 데이터들이 우리에게 있지요. 그런 데이터에 너무 연연하면 고민만 하다가 지쳐 버리기 쉬워요.

윈스턴 처칠이 이런 말을 했어요.

"만일 우리가 현재와 과거를 서로 경쟁시킨다면, 반드시 미래를 놓치게 될 것이다."

여러분의 최고의 강점은 미래가 있다는 것 아닐까요? 해 보고 후회하는 것이 안 해 보고 미련을 갖는 것보다 훨씬 낫다는 연구 결과가 여럿 있습니다. 그러니 일단 해 보세요.

가 보니 여기가 아니라는 것을 알게 되면 그것도 수확이에요. 단 한 번의 시행착오도 없이 오직 올바른 선택만 하겠다는 마음을 먹는다면 그것이 오히려 도둑놈 심보 아니겠어요? 혹여 실패하더라도 인생의 경험치는 쌓일 겁니다. 인생이라는 게임에서 내 '레벨'을 올릴 수 있어요.

소외감,
어울리는 일의 어려움

타고나게 붙임성이 좋은 사람이 아니라면, 대학에 들어간 다음에 사람들과 어울리는 일을 스트레스로 받아들이기 쉽습니다. 중고등학교 때까지는 학년이 바뀌더라도 교실에 이전 학교, 이전 학년부터 알았던 친구가 늘 몇 명은 있었어요. 거기다 다들 비슷한 지역에서 온 데다 하루 종일 같은 교실에 있으니 반강제적으로 어울리게 되지요. 물론 그 때문에 집단 괴롭힘이나 '왕따' 현상이 생기는 부작용이 있지만요.

그런데 대학은 완전히 다릅니다. 광활한 캠퍼스에 홀

로 툭 던져집니다. 과, 학부, 동아리, 향우회 등의 모임이 자연스럽게 나를 부르기는 해요. 그런 모임의 분위기에 어울리는 학생도 있지만 왠지 모르게 불편하고 그 안에 앉아 있는 것 자체로 긴장이 되어서 갔다 오면 녹초가 되는 친구도 많이 봅니다. 이런 건 좋은 걸까요, 나쁜 걸까요?

먼저 왠지 모를 불편함이나 긴장을 느끼는 것은 당연하다고 말하겠습니다. 이것을 '소외감'이라고 해요. 낯선 공간에 갔을 때, 왠지 내가 어울리지 않는 자리에 온 것 같은 겉도는 느낌을 갖는 것은 인간의 본능입니다.

인간의 자아는 기본적으로 나와 남을 구별합니다. 내 것과 내 것이 아닌 것을 구별해야 나의 기준점이 생기니까요. 그리고 대학생이란 자신만의 취향, 좋아하는 것과 싫어하는 것이 얼추 분명해진 시기입니다.

새로운 모임에 나가면 그 모임 구성원들 사이에 이미 형성된 분위기가 있을 겁니다. 술을 많이 마실 수도 있고, 종교적인 성향이 강할 수도 있고, 선후배 사이가 좀 권위적일 수도 있어요. 내 기준이 어느 정도 분명히 서 있는 사람일수록 소외감을 느낍니다. 나는 자유로운 것이 좋은데, 권위적인 분위기에 가면 어딘가 불편해지죠. 종교가 없는 사람이 종교적 색채가 강한 곳에 가면 겉도는 기분이 들 것이고요.

그래서 소외감이 느껴진다는 것은 어떤 면에서 좋은 신호예요. 어떤 소외감도 안 느낀다는 것은 거꾸로 보자면 자기만의 기준점이 없다는 증거일 수 있거든요.

그런 소외감을 느끼면서 서서히 내가 받아들일 수 있는 부분과, 양보할 수 없는 부분을 구분하게 되고, 그 안에서 사람들과 관계를 유지해 나가게 됩니다. 그것이 바로 사회성이에요. 내 기준은 있지만, 여기서는 약간 다른 것도 받아들여 보는 겁니다. 내가 견딜 수 있는 수준까지 참고 지내다 보면 내 기준의 폭도 넓어지고 좀 둥글둥글해지지요.

그렇지만 내 핵심 기준과 맞지 않고, 시간이 지나도 소외감이 사라지지 않아 계속 불편하다면 그때는 여기가 나랑 맞지 않는 겁니다. 그건 나의 실패가 아닙니다. 세상에는 수많은 모임과 만남이 있어요. 맞지 않는 곳에 나를 억지로 끼워 넣으려고 애쓰지 마세요. 그렇게까지 할 필요는 없어요.

　저는 대학을 다닐 때 미리 이런 경험을 많이 해 보기를 권합니다. 영어 단어를 몇 개 더 외우거나 자격증을 하나 더 따는 것보다 소외감을 견디는 것, 소외감을 극복하고 나를 조직에 맞춰 보는 것, 어쩔 수 없는 소외감이 들 때 조직을 과감히 떠나서 나를 지켜 내는 것은 일종의 생존 기술입니다. 나중에 세상에 나갔을 때 이것보다 더 필요한 생존 기술도 없어요.

사랑,
친밀함의 실험

어른이 되기 위해 꼭 해야 되는 것 중 하나가 바로 사랑입니다. 갑자기 너무 뜬금없나요? 사랑은 정말 중요해요. 사랑이란 뭘까요? 제게 묻는다면 이렇게 대답할 겁니다. 사랑은 '가족이 아닌 남과 어디까지 가까워질 수 있는지를 실험해 보는 경험'이라고요. 사랑을 통해 우리는 영어로는 '인티머시(intimacy)'라고 이야기하는 친밀함을 경험해 볼 수 있습니다.

'님이라는 글자에 점을 하나 붙이니 남이 되었다'는

어느 유행가 가사가 있어요. 저는 이 표현이 참 재미있다고 생각했어요. 내가 제일 좋아하는 '님'이 사실은 '남'에서 점 하나 떼는 순간 생기는 것이고, 반대로 아무리 좋은 '님'도 점 하나만 붙이면 바로 '남'이 될 수 있지요. 엄마와 자식은 1촌이죠? 형제 사이는 2촌이고요. 하지만 부부간은 0촌이에요. 숫자가 커질수록 먼 관계가 되는 것이 촌수인데, 부부는 0이라는 우리 선조들의 촌수 계산이 참 재미있어요. 0은 거리가 없을 만큼 가까운 사이라는 의미도 있지만 '아무 관계도 아님', 즉 무(無)를 의미하기도 하니까요. 친밀함을 실험한다는 건 바로 이런 이상하고 복잡하면서 역설적인 관계를 경험하고, 견디고, 또 알아 가면서 조절하는 능력을 갖추는 것입니다.

물론 이런 친밀감은 '우정'을 통해서도 얻을 수 있고, 회사 동료들과 같이 일하는 과정에서도 경험할 수 있어요. 하지만 친밀함의 '엑기스'는 한 번도 만난 적 없이 전혀 다른 세상에서 살던 두 사람이 갑자기 잠시나마 하나가 된 듯한 '착각'을 하는 것이지요. 숨을 쉬는 것이나 심장이 뛰는 것마저 일체화되는 듯한 일시적인 일심동체의 느낌은, 사랑을 경험할 때 제일 깊고 빠르게, 직관적으로 이해할 수 있지요. 그래서 저는 더욱 더 사랑을 해 봐야 한다고 강조합니다.

그냥 아가페적인, 즉 종교적이고 무조건적인 사랑이 아니라 그 친구만 보면 가슴이 두근두근 뛰고, 스킨십을 하고 싶고, 관계도 갖고 싶은 마음이 솟구치는 경험, 가슴이 터질 것 같고, 죽을 것 같은 마음을 느껴 보고 그 과정에서 생기는 다양한 갈등과 깊은 인간관계를 경험해 보는 것은 어른이 되는 데에 아주 중요해요. 그러니 좋아하는 사람이 생기면 한번 들이대 보기도 하고, 매몰차게 차여 보기도 하세요.

사랑은 어릴 때에 많이 해 보는 것이 좋아요. 서른이 넘도록 사랑을 안 하고 살다, 나중에 하게 되면 정말 바보 같은 행동을 많이 하게 되거든요. 쓸데없이 오해하고 '열폭'(열등감 폭발)하는 일이 생겨요. 어릴 때는 조금 바보 같은 짓을 해도 어리니까, 내가 몰랐으니까 하고 넘길 수 있어요. 하지만 서른두세 살 '모태 솔로'가 헤매고 다닌다면? 처음에는 순수해 보이지만 계속 그럴 수만은 없을 겁니다.

사랑을 하면 성적인 경험도 해 볼 수 있습니다. 저는 혼전 순결을 지키라는 이야기는 하지 않아요. 성관계는 어른이면 당연히 할 수 있어요. 하지만 반드시 서로 합의해야 해요. 나 혼자 원한다고 할 수 있는 것은 아니에요. 합의되지 않은 성관계는 절대로 하면 안 돼요.

이 부분에서 남학생들한테 정말 하고 싶은 이야기가 있어요. "나는 콘돔 쓰기 싫어." 이런 이야기는 절대로 하지 마세요. 여자 친구한테 피임약을 먹게 하거나 생리 주기에 따라서 조절하는 짓도 절대로 하지 마세요. 가장 안전하고 확실한 피임법은 아직까지는 콘돔을 쓰는 것입니다. 피임약을 먹으면 몸에 안 좋은 반응들이 나타날 수 있어요. 그러니 여자 친구에게 피임을 떠밀지 마세요.

연애는
질적 상관관계

제가 이렇게 '사랑 전도사'가 되어서 사랑을 권하면,

연애를 공부처럼 하려고 드는 친구들이 있어요. 요즘엔 낯선 사람에게 첫마디를 뭐라고 건네야 할지, 연애 잘하는 사람한테 돈을 내고 배우는 사람도 있다지요?

요즘 청년들은 공부가 너무 익숙해요. 모르는 게 생기면 책이나 학원부터 찾아보지요. 찾아보면 다 나오기는 합니다. 하지만 연애는 책이나 학원에서 배울 수 있는 것이 아닙니다. 차에 대한 책을 열 권쯤 본다고 해서 바로 도로에 나가 운전할 수 있지는 않은 것과 마찬가지지요. 운전을 배우려면 실제로 차를 끌고 도로에 나가야 해요. 부득이하게 한번 남의 차를 긁어도 봐야 운전을 배우고 멀리 나갈 수 있습니다. 연애도 그와 비슷합니다. 몸으로 배우는 거예요.

연애할 때 알아야 할 것이 있습니다. 내가 아무리 좋아도, 내 행동이 상대에게 폭력이 될 수 있다는 것을 이해해야 해요. 내가 사랑이라고 이야기하는 것이 상대에게는 스토킹이 될 수 있어요.

스토킹 때문에 저를 찾아온 남학생이 있었어요. 상대의 이름을 선영이라고 할까요? 그 남학생이 같은 과의 선영이를 좋아해요. 선영이는 항상 아침 9시에 도서실에 와서 3열람실 10번째 자리에 앉아요. 10시가 되면 커피를 마시러 가는데 도서실 앞에 있는 커피숍에서 캐러멜 프라푸치노를 먹어요. 그러고는 실기실에 가서 밤 10시까지 그림을 그려요. 그런데 선영이는 늘 친구들과 같이 다녀서 선영이랑 둘만 있으려면 10시에 선영이가 실기실에 혼자 있을 때 가야 해요. 그래서 그 시간에 찾아갔어요. 그런데 선영이가 소스라치게 놀라서 관계가 무척 이상해졌지요. 그 친구가 저에게 "선생님, 제가 뭘 잘못했나요?"라고 묻더군요. 뭘 잘못했는지 느낌이 오지요?

선영이 입장에서 볼까요? 맨날 나를 쳐다보는 어떤 남자애가 있어요. 나는 걔에게 별 관심이 없어요. 걔가 먼저 "안녕?" 하길래 "안녕?" 하고 대꾸했을 뿐이에요. 걔가 "점심 같이 먹을래?" 하길래 학관 식당에서 학식을 한 번 같이 먹었어요. 그 후 매번 인사를 하길래 받아 줬어요. 그런데 밤 10시에 혼자 그림 그리고 있는데 대뜸 실기실로 찾아왔어요. 무서워 죽는 줄 알았어요. 대략 이랬을 겁니다.

실기실에 찾아오는 게 무섭다고 하니, 그다음에는 이 친구가 선영이네 아파트 앞에서 기다렸어요. 선영이는 더욱 무서웠겠죠? 이게 사랑일까요?

선영이 주변에서 서성거리는 이 남학생을 보면서 주변 친구들은 열 번 찍어 안 넘어가는 나무 없다고 조언해요. 노력하면 된다고 이야기해요. 진짜 나쁜 친구들이지요? 모두가 연애를 공부하듯이 하고 있어요. 상대에 대해 열심히 분석하고 공부해요. 하지만 선영이에 대한 정보가 많아질수록 선영이와 나의 관계가 발전될까요? 결코 그렇지 않습니다.

연애는 양적 상관관계가 아니라 질적 상관관계입니다. 양적 상관관계는 마치 공부처럼 열심히 하면 어느 정도는 성과가 나오는 관계예요. 연애는 그렇게 한다고 성과가 나오지 않아요. 질적인 부분이 먼저 '튜닝'이 되었는지 알아보고 그 위에 양적인 것을 얹어 가야 합니다.

'내가 너와 많은 시간을 보냈고, 내가 너한테 돈을 이만큼 썼고, 서로 주고받은 문자의 양이 이렇게 많으니까 너는 나와 그만큼 가까워.'라고 생각하면 안 돼요. 100을 투입했으니 100이 나와야 하고, 200을 투입하면 200만큼 가까워져야 한다고 여기면 그 연애는 실패합니다. 사랑이 1+1=2와 같이 투입한 만큼 바로바로 아웃풋이 나온다면 좋겠지만 그렇지 않아요. 나는 나대로 열심히 하는데 저 사람은 전혀 못 받아들일 때도 있어요.

싫은 사람은 그냥 싫은 거예요. 거기엔 특별한 이유가 없어요. 아무리 비싼 옷도 내 마음에 안 들면 입기 싫잖아요. 특히 남자들이 이해 못 하는 것 중에 하나가 바로 이것이에요.

'어떻게 싫은 데에 이유가 없을 수 있죠?'

그럴 수 있어요. 그러니 누가 싫다고 하면 왜냐고 물어보지도 마요. 그냥 싫은 거니까요.

**누구나
거절을 당한다**

아마 여러분에게는 이런 두려움이 있을 거예요.

'사랑했다가 차이고 나면, 다시는 내 마음을 열지 못

할 것 같아.'

　내 마음을 다 주었는데 돌아오는 게 없다면 그 후에 감당이 안 될 것 같지요. 그런 두려움이 있는 이들에게 저는 이렇게 조언합니다.

　"사람이 그럴 수는 없다. 내 마음을 다 주는 것은 불가능하다."

　누군가를 좋아할 때 사실 우리는 그 사람의 모습 중에 내가 보고 싶은 것만 봅니다. 그것을 투사라고 해요. 그 사람이 좋아서 좋은 게 아니라, 지금 내가 누군가를 사랑하고 있고 좋아하는 마음이 생겼다는 것이 좋은 거예요.

　그런 마음 상태가 나를 변화시켜요. 가요 중에 윤종신 씨가 부른 「환생」이라는 노래가 있어요. 그 가사를 보면 누군가를 사랑하게 되면서 아침에 일찍 일어나고, 안 듣던 음악도 듣고, 샤워도 자주 하게 되었다는 이야기가 나와요. 사랑을 시작하면서 새사람이 되었다고 하지요. 상대가 시켜서가 아니라 자기가 좋아서 자발적으로 변해요. 사랑을 하면 그런 변화가 생긴 자신의 모습을 발견하게 됩니다. 그러니 내 마음을 다 주고 난 뒤, 돌아오는 것이 없을 때 내 마음에 공백이 생길까 봐 두려워할 필요는 전혀 없습니다.

잠깐 한 가지 생각해 볼까요? 누가 연애를 잘할까요? 제 경험상 놀라운 것이 객관적으로 볼 때 예쁘고 잘생긴 학생들일수록 여자든 남자든 연애 경험이 별로 없어요. 대체로 숙맥이에요. 누가 먼저 다가오기만을 바랄 뿐 먼저 다가가지 못해요. 자신에 대한 기대치가 너무 높아서일까요? 그보다는 거절당하는 것에 대한 두려움이 너무 큰 탓입니다. 조금만 손을 내밀면 될 텐데 그걸 하지 않아요.

연애를 잘하는 친구들은 오히려 대체로 외모가 평범합니다. 그런 친구들이 신기하게도 끊임없이 누군가를 만나더군요. 다 먹고살 길이 있더라고요. 평범한 외모로도 애인을 잘 사귀는 사람들의 특징은 뭘까요? 말을 잘할까요? 기술이 좋을까요?

물건을 많이 파는 영업 사원들의 특징을 생각하면 이해하기 쉽습니다. 그들의 비결은 간단해요. 남보다 더 많은 사람을 만나는 겁니다. 그리고 거절에 익숙해요. 한 번 거절당했다고 해서 좌절하지 않아요. 다른 사람을 또 만

나면 되니까요. 여러분은 대부분 완벽하게 준비를 해서 한 번에 100% 성공하기를 원해요. 상처받기 싫으니까요. 그런데 많은 친구를 사귀어 보고, 많은 사람에게 먼저 다가가 보면 거절당해도 상처를 덜 받아요. 그렇게 계속 만나다 보면 나랑 맞는 사람을 찾을 수 있어요.

한 번도 시합에 나가지 못했던 후보 선수가 9회 말 2사 만루에 역전 홈런을 칠 수 있을까요? 마지막 타자로 나와서 단번에 인생에 남을 타격을 할 수 있을까요? 그런 것을 바라지 마세요. 홈런을 치려면 스윙 연습만 많이 하지 말고 타석에 많이 서야 합니다. 헛발질도 많이 하고 삼진도 먹어 보고 플라이도 많이 날리다 보면 점점 기술과 경험이 늘어요.

거절당하는 건 있을 수 있는 일이에요. 내가 못나서 벌어지는 일도 아니고, 나란 사람의 본질을 건드리는 것도 아닙니다. 마음을 많이 주어도 상대가 움직이지 않는다면 '우리 둘은 인연이 아닌가 보다.' 하면 됩니다. 그냥 서로 안 맞을 뿐이니까요. 좋아하는 스타일이 다른 거지요. '아, 쟤는 내가 싫은가 보다.' 하고 딴 사람을 만나면 거절당하는 건 있을 수 있는 일이에요.
내가 못나서 벌어지는 일도 아니고,
나란 사람의 본질을 건드리는 것도 아닙니다.

돼요. 그렇게 받아들여야 해요. 실패하더라도 너무 분하다고 생각하지 마세요. 연애는 내가 열심히 한다고 되는 것이 아니니까요.

자기애에
상처를 입으면?

요즘 사람들에게는 '나 자신'이 중요하지요. 그런데 내가 너무 소중하다 보니 관계가 어긋나면 '어떻게 네가 나를 거절해?' 하는 마음이 생겨요. 자연스러운 일입니다. 이 세상에서 제일 중요한 사람은 내가 좋아했던 그 사람도, 엄마나 아빠도 아닌 바로 나 자신이기 때문이에요. 그렇게 소중한 내가 상처를 받게 되었으니 얼마나 분하고 아프고 화가 나겠어요? 그런 아픔을 '자기애의 상처'라고 합니다.

나르시시즘이란 단어를 들어 봤죠? 세상의 중심이 나라고 여기는 '왕자병', '공주병'이 있는 사람에게 쓰는 말이기는 한데, 사실 자기애는 누구나 갖고 있어요. 자기애가 건강하게 잘 발달해야 세상의 거친 바람에도 흔들리지 않고 내 중심을 지켜 나갈 수 있지요. 물론 자기애가 과잉 발달되어서 마음 안에 남이나 세상과의 관계를 위한 겸손과 공감의 마음은 미미하고, 나만 소중하다는 마음이 99%가 되어서 병적인 자기애에 지배당하면 안 되지만요.

병적이지는 않더라도 요즘에는 누구나 '귀한 자식'이다 보니 이런 자기애가 상대적으로 과잉인 사람이 많습니다. 이런 이들은 익숙하지 않은 거절을 당하면 아프고, 이 아픔이 낯설고 처음 경험하는 것이다 보니 더 아프게 느껴지고, 그래서 화가 나요. 이때 "왜 때려!"가 아니라 "감히 네가 나한테? 네가 뭔데!"라는 생각이 더 먼저 드는 이유가 바로 자기애에 상처를 입었기 때문이에요. 거의 본능적인 반응을 하는 겁니다. 자기애에 상처를 입으면 어떻게 될까요?

불같은 분노 반응이 나타나고 그 이후에는 여운이 가시지 않은 채 관계에 대해 되씹게 됩니다. 너무 곱씹다 보면 자다가도 소름이 쫙 올라오면서 깨어나기도 해요. 그 친구와 함께 갔던 곳에 다시 가기라도 하면 갑자기 실시간으로 그날의 일이 기억나면서 감정이 확 솟구쳐 오르기도 하죠.

이런 일들은 모두 상처가 주는 아픔에 대한 자연스러운 자기애적 반응이에요. 저 사람이 나를 거절하고 떠난 것에서 오는 상실의 아픔도 있고, 그의 빈자리가 크게 느껴지는 데에서 오는 아픔도 있어요. 그보다 더욱 큰 것은 바로 '내가 저 사람을 선택했는데, 내 마음을 열었는데 그 선택이 틀렸다는 것을 인정해야 하는구나.'라는 깨달음이 주는 아픔입니다. 그러다 보니 분노와 후회와 자책이 뒤섞여서 마음이 복잡해지지요.

이런 감정 반응은 평소 자신이 잘났다고 여기는 사람일수록 더 잘 보여요. 최근에 이런 재미난 이야기를 들었어요. 고려대 앞의 한 커피숍에서 한 여학생이 공부를 하고 있었는데 어떤 남학생이 다가와 앞자리에 앉더니 학생증을 탁 보여 주더래요. '나 고대 무슨 과 몇 학번이야.'라는 뜻이지요. 그러면서 다짜고짜 사귀자고 하더래요. 그 뒤에선 남자애들이 낄낄거리고 있고요. 그 여학생이 뭐라고 했을까요? 씩 웃으면서 "나 14학번인데."라고 하더랍니다. '나도 고려대 학생이라 나에겐 학벌이 안 통해.'란 뜻이지요. 얼마나 내세울 것이 없으면 학벌을 내세울까요? 그 남학생은 '개고생'해서 대학에 들어왔으니, 자아가 팽창되어 있는 상태예요. 학벌 하나만으로도 모든 여자가 자신을 좋아하리라고 착각하고 있는 겁니다. 대단히 큰 착각이지요.

이 친구는 우스꽝스러운 사례 같지만 이런 사람들이 종종 있어요. 공부를 열심히 해서 성취한 사람일수록 이런 심리적 특징을 보여요. 연애는 그런 자기애적인 심리 구조를 깨트리고 더욱 성숙해질 수 있는 기회입니다. 그러니 거절당할까 봐 두려워하지 말고 시작해 보세요. 저도 연애를 몇 번 하면서 사람이 많이 됐어요.

사랑은
아메바가 아니니까

일단 연애를 시작했다면 공평한 관계를 맺는 것이 중

요합니다. 대학생들의 연애에서 더치페이는 늘 이슈지요. 더치페이에 대한 오해가 하나 있어요. n분의 1, 즉 사람 수대로 똑같이 나누는 것을 더치페이라고 생각하는 거예요. 피자를 하나 시켜서 같이 먹는데 여덟 조각 중 남자가 여섯 조각 먹고 여자가 두 조각을 먹었어요. 그러고 나서 피자값을 반씩 내자고 하는 건 반칙 아닌가요? 자기가 먹은 만큼 내는 것이 진정한 더치페이지요.

저는 더치페이가 중요하다고 생각해요. 우리나라 데이트 문화에서는 돈이 많이 들거든요. 연애하는 게 사치스럽다고 생각하는 사람이 은근히 많아요. 제가 봐도 그래요. 토요일에 데이트를 한다 치면 매번 똑같은 옷을 입고 나갈 수 없으니 티셔츠라도 하나 새로 사야 하지요. 또 둘이서 커피 마시고 영화 보고 저녁을 먹으면 최소한 5~6만 원이 들어요. 연애를 하면 일주일에 두어 번은 만나야 하는데 비용이 부담스러울 수밖에 없지요.

한번은 어떤 친구가 저를 찾아와서 이런 이야기를 하더군요. 네 번 만난 여자애가 있는데 차였어요.

"내가 8만 3,000원이나 썼는데 저 친구는 내가 싫대요. 나는 정말 좋아서 많이 투자했는데."

그동안 만났던 다른 친구들한테는 3만 원 정도 썼는데 이번에 만난 여자아이는 너무 좋아서 8만 원 넘게 썼대요. 그러고 나서 차이니 분하다는 것이지요. 너무 심하다는 생각이 들지요? 하지만 의외로 이런 식으로 생각하는 친구들이 많아요. 이런 마음이 심해지면, '내가 이만큼 썼으니 스킨십을 해야 해.' 하는 식의 폭력이 벌어질 수도 있어요. 그러니 애당초 공평하게 써야 서로의 마음에 부담을 주지 않습니다.

마음 씀씀이에 대해서도 말하고 싶은 것이 있어요. 우리는 서로 다른 사람일 뿐 내가 맞고 너는 틀린 것은 아니에요. 그런데 상대를 너무 좋아하다 보면, 그 사실을 잊어버릴 때가 있습니다.

"넌 옷을 왜 그렇게 입니? 화장도 그렇게 하면 안 돼."

여자 친구에게 이런 '지적질'을 하는 것에 대해 어떻게 생각하세요? 개인의 취향이 있을 수는 있지만 그것을 사랑이라는 이름으로 남에게 강요하는 것은 일종의 폭력이 될 수 있어요. 내 기준만 옳고 네 기준은 틀렸다는 단정적 사고, 내가 너를 사랑하니까 너도 내 기준에 맞춰야 한다고 여기는 것은 모두 위험한 사고방식입니다. 사랑은 아메바의 포식 행위가 되어서는 안 됩니다. 상대방을 자기 자장 안으로 흡수 통합해서 하나로 만들어 버리면 안 된다는 뜻이에요. 그러면 나는 편할지 몰라도 서로 발전이 없어요. 나는 계속 1로 남고, 상대는 그나마 갖고 있는 것도 없어져서 0이 될 뿐이에요.

사랑은 두 사람이 만나서 서로 다른 점을 호기심을 갖고 바라볼 수 있는 기회가 되어야 해요. 평소라면 별로 좋아하지 않았을 것도 상대가 좋아하니까 중립적으로 받아들여 보는 겁니다. 그러면 1이던 내가 새로운 취향을 알게 되면서 1.2나 1.4가 될 수 있어요. 사랑이 내 변화의 계기가 되는 것이지요. 사랑을 하면 내가 보고 싶은 것만 보게 되어서 시야가 좁아지기도 하지만, 다른 한편으로는 거의 다 완성되어 딱딱하던 내 취향과 정체성이, 사랑이라는 용액이 부어지면서 말랑말랑해지기도 합니다. 내가 다른 모습으로 변해 볼 기회를 얻는 겁니다.

3

무인도의
인간처럼
생각하기

불확실성을
스릴의 대상으로

이제 미래에 대한 이야
기를 해 볼까요? 요즘엔 '흙수저', '금수저' 이야기를 많
이 하지요. 그와 관련해서 청년들이 알아야 할 것이 두 가
지 있습니다.

하나는 이른바 '능력 사회'라는 이상은 허상이라는
거예요. 반은 맞지만 반은 틀려요. 민주주의 국가에서는
자기 능력에 따라 성취한 만큼 갖게 된다고들 이야기하
지요. 최근에 그 허상을 무너트린 사람이 한 사람 있습니
다. 최순실의 딸 정유라가 "집이 부자인 것도 능력."이라

고 했다지요? 정유라가 저지른 죄와 따로 떼어서 본다면, 이 말은 우리가 처한 부조리한 현실의 일면을 보여 줍니다. 집이 부자일 경우, 야구로 치면 2루나 3루에서 시작할 수 있으니까요.

30대인 한화 그룹 김승연 회장의 아들이 벌써 부사장이라고 하지요. 너무 이상하지 않아요? 평범한 직원이라면 그 나이에 절대로 갈 수 없는 자리에 올라가 있어요. 왜 아무도 이상하게 생각하지 않는지 저는 그것이 정말 이상해요. 다른 기업들도 오너의 자식들은 대체로 30대에 이사나 상무직에 올라가 있어요. 보통 50, 60대가 있는 자리에 가 있는 거예요. 오너의 자식들은 '넘사벽'(넘을 수 없는 사차원의 벽)이라 아예 예외로 치는 걸까요? 왜 능력 사회에서 이런 일들이 아무렇지 않게 용인될까요?

우리나라는 사회적으로 부가 축적된 지 얼마 되지 않았습니다. 미국의 록펠러나 로스차일드 가문만 해도 약 200년 정도 지속되었는데, 우리는 한국 전쟁 이후 1960년쯤부터 부가 축적되었다고 할 수 있으니 비교적 짧은 셈이지요. 1980~90년대만 해도 우리나라는 꽤 평등한 나라였어요. 즉 어떤 면에서 그때까지만 해도 우리나라는 기회의 땅이었습니다.

제 세대에서는 100만 명 중 30만 명 정도만, 즉 또래 중에 30% 정도만 대학에 갔어요. 하지만 그때는 양질의 일자리가 255만 개 정도 있었습니다. 대학을 졸업한 30만 명은 물론, 대학에 가지 않은 70만 명 역시 성실하기만 하면 대체로 어디든 취직이 되었어요.

그때는 사회가 팽창하던 시기였어요. 분당, 일산 같은 신도시도 그때 만들어졌지요. 서울과 경기도에 사는 사람의 70%는 이곳이 고향이 아니에요. 일자리를 찾아 지방에서 올라와 수도권에 자리 잡았지요. 그때는 대학을 졸업하고 취업을 하면 40대 초반에 어렵지 않게 내 집을 장만할 수 있었고 그 집값이 오르니 안정적으로 재산을 모을 수 있었습니다.

그래서 여러분의 부모님들은 모두 자신이 열심히 공부하고 일한 덕분에 이만큼 쌓을 수 있었다는 자부심을 가질 수 있었습니다. 하지만 여러분에게는 그런 시대가 다시 오지 않을 거예요. 기술이 발달하면서 그만큼 일자리는 줄어들고 있거든요.

어떤
세대 차이

이것을 세대의 관점에서 한번 볼까요? 저희 세대 때는 대부분 내 부모보다 내가 훨씬 뛰어났어요. 나는 내 부모보다 돈을 더 많이 벌고 사회적으로 더 성공할 수 있었어요. 그런데 여러분은 지금 부모님보다 부자가 되기는 어려워요. 그만큼 성취하기가 참 어려워졌어요. 저희 세대는 부모가 갈 수 없었던 대학과 직장에 들어갔지만, 여러분은 이제 부모가 붙어도 가지 않던 대학이나 기업조차 들어가지 못해 전전긍긍하게 되었어요. 이것이 현재 여러분이 놓여 있는 상황입니다.

그러니 이미 사회적인 주도권은 여러분의 부모 세대, 혹은 그보다 조금 어린 40대가 갖고 있어요. 그들이 앞으로 10년에서 20년 정도는 그 주도권을 놓지 않을 거예요. 혹시 왜 유재석, 강호동은 텔레비전에 끊임없이 등장

할까 하고 이상하게 생각한 적 없나요? 지금껏 10년 넘게 방송계를 이 두 사람이 주름잡고 있잖아요. 이들이 70년 생, 72년생입니다. 아저씨들인데 방송에서는 서로 형 동생 하지요. 저는 그들과 같이 늙어 가는 세대이니 그런가 보다 하지만 여러분은 좀 이상하게 느껴야 해요. 방탄소 년단 같은 젊은이들이 아니라 마흔 넘은 아저씨들이 왜 계속 주인공일까요?「런닝맨」에서 빌딩 꼭대기까지 뛰기 에는 너무 나이가 많지 않아요?

그것이 가능한 이유는, 안타깝지만 그들에게 동질감 을 느끼는 사람들이 대한민국의 주류이기 때문입니다. 그들이 구매력과 결정 권한을 갖고 있어요. 청년들은 발 언권이 별로 없어요. 여러분에게 발언권이 있었다면 지금 텔레비전 프로그램에서 여러분이 동질감을 느낄 사람들 이 주인공이 되어야 하지요. 하지만 방송국은 여전히 40 대인 이휘재, 박명수, 유재석, 강호동, 이수근이 중심에 있 습니다.

심지어 이 세대는 추후 일자리를 놓고 여러분과 경쟁 하게 될지도 모릅니다. 베이비 붐 세대의 은퇴 시기가, 지금 20대가 세상에 나올 때와 거의 일치하기 때문입니다. 보통 회사들은 통상 55세에 정년퇴직을 합니다. 그보다 더 일찍 퇴직하는 이들도 많지요. 이들은 숙련된 노동자들인데 아직 몸도 튼튼해요.

그런데 요즘은 평균 수명이 길어져서 은퇴 후에 30년쯤 더 살아야 하니 한 달에 50만 원, 100만 원이라도 버는 것이 아주 중요해졌어요. 그러면 사회 초년병들이 주로 가는 일자리도 마다하지 않게 됩니다. 여전히 건강하고 경력은 수십 년씩 쌓인 이들이 "저 200만 원만 주면 일할게요." 하고 이야기해요. "난 연금 받아야 하니 월급을 얼마 이하만 받을게요." 하고 협상하는 것도 가능해집니다. 의도한 것은 아니지만 젊은이들과 일자리를 두고 경쟁하는 위치에 놓이는 겁니다.

그런 사람들이, 이른바 베이비 붐 세대라고 이야기하는 60년, 61년, 62년생들인데 현재 80만~90만 명씩 됩니다. 71년생만 102만 명이지요. 여러분보다 수도 많지요? 이들은 여러분이 군대를 다녀오고 대학을 졸업한 뒤 인턴이나 파트타임으로라도 경력을 쌓으려고 할 때, 경력

20년이 쓰인 이력서를 들고 여러분과 함께 면접을 보러 올 수도 있어요. 황당하죠? 그런 시기가 곧 올 겁니다.

이런 상황에서 어떻게 해야 할까요? 여러분이 가진 장점이 하나 있습니다. 제가 어렸을 때만 해도, 다들 빨리 어른이 되어서, 빨리 돈을 벌어야 했어요. 돈을 벌어서 동생들을 가르치거나 부모를 부양해야 했지요. 우리 세대의 어깨에는 대부분 그런 삶의 짐이 얹혀 있었어요. 하지만 여러분은 다릅니다. 여러분의 부모님 세대가 노력해서 우리나라는 경제협력개발기구(OECD) 12위 국가가 되었고, 그 덕분에 여러분은 최소한 굶어 죽을 염려는 하지 않게 되었어요. 여러분은 그로부터 자유로운 첫 세대입니다. 부모님이 밥은 해 줘요. 내 방이 있어요. 대체로 집이나 일용할 양식을 걱정하지 않아도 됩니다.

그런 의미에서 보면 여러분은 저희 세대에 비해 심리적 독립을 위해 스스로 고민해 보는 시간을 더 가질 수 있습니다. 부모님의 기대와 내가 하고 싶은 것, 그럴듯해 보이는 것 사이에서 갈등하고 있다면 합의점을 찾아볼 시간도 있어요. 물론 시간이 거저 생기지는 않지요. '스펙'

쌓기와 아르바이트에 쓰는 시간을 과감하게 줄여야 마련할 수 있어요.

저는 대학에 처음 들어갔을 때 가장 당황스러웠던 것이 저 스스로 시간표를 짜는 것이었어요. 시간표를 짜고 나면 빈 시간이 만들어지거든요. 그 시간엔 뭘 하지? 고등학교 때까지는 무조건 교실에 앉아 짜여 있는 수업을 들었고, 학교 끝나면 학원에 가니 뭘 하든 빈틈이 없었지만, 대학에 오면 내 삶에 빈틈이 조금씩 생깁니다.

여러분이 그 빈 공간을 무엇으로 채울까 고민할 때, 생각해 볼 것이 두 가지 있습니다.

파도가 온다면
서핑을!

먼 미래, 여러분이 은퇴를 생각하는 40년 후까지 확실한 진로라는 것은 아마 없을 겁니다. 대기업도, 공무원도, 전문직도 예외는 아니에요. 이건 아주 커다란 흐름입니다. 많은 미래학자가 지금 우리 머릿속에 있는 직업 중 상당수는 20년 안에 사라져 버릴 것이라고 예측합니다. 세계경제포럼은 한 보고서에서 2016년에 초등학교에 입학하는 전 세계 7세 어린이의 65%는 지금은 존재하지 않는 일자리에서 일하게 되리라고 전망했습니다.

지금 여러분이 다니는 대학의 학과와 전공은 20세기부터 확립된 일과 직업에 대한 기준과 규범에 맞춰서 구성되어 있으니, 아마 일부 지식들은 유효 기간이 그리 길지 않을 겁니다. 여러분이 사회에 나가서 10년쯤 활발하게 일하고 나면 모든 것을 새로 배워야 하는 상황이 올 수도 있어요. 앞으로 10년 동안에는 대학의 지식과, 일터에서 필요한 지식이 서로 어긋나는 '미스매치'가 극심해지리라는 것 역시 많은 학자가 예측하는 바입니다.

이런 걱정스러운 미래에 대해서 이야기하면, 많은 사람이 또 다시 공무원과 전문직, 대기업으로 쏠릴지도 모르겠습니다. 이런 분야가 그나마 환경 변화가 가장 늦게 반영될 분야라고 생각되니까요.

삼성전자를 비롯해 여러 대기업이 아직도 한 해에 직원을 꽤 많이 뽑기는 합니다. 하지만 그중 30%가 1년 안에 그만두고 나갑니다. 혹은 3, 4년 일하다가 '영혼이 탈탈 털린' 뒤에 나오기도 해요. 대기업 간판만 보고 들어간 경우, 일하기는 힘든데 보람이나 의미를 찾기가 어렵거든요. "나는 삼성 다녀요."라고 말할 때 조금 우쭐할 수 있는 것 외에는 다른 의미가 별로 없어요. 고작 그 말을 하기 위해서 우리가 지난 15년 동안 공부해 온 것일까요? 게다가 경쟁은 치열한데 생각보다 미래는 밝지 않아요. 40대가 되면 벌써 퇴사 압박을 느낍니다.

그래서 일찌감치 나온 뒤에는 대다수가 다시 공부를 시작해요. "공무원 시험 볼래." 하고요. 이런 이들까지 가세하니 9급 공무원 시험에 매해 10만 명씩 응시하는 상황이 되었습니다. 냉정하게 이야기하면 9급 시험은 과거에는 고졸자를 위한 시험이었어요. 거기서부터 시작해서 서서히 올라가도록 만들어진, 어떻게 보면 기회가 균등하게 배분된 자리예요. 7급이 일반 대졸자들이 가는 자리였고, 5급이 행정 고시를 통해 고위 공무원을 뽑는 자리라고 생각하면 크게 틀리지 않아요. 그래서 과거에는 대졸자들이 7급 공무원 시험에 응시했습니다.

그런데 지금은 대졸자들도 9급 공무원 시험을 준비해요. 엄청난 하향 평준화가 이루어지고 있습니다. 노량진 학원가에서 몇 년간 죽어라고 공부해서 9급 공무원이 된 뒤 막상 일을 하게 되면 오히려 화가 날 수도 있어요. 그만큼의 공부가 별로 필요하지 않은 일임을 알게 되거든요. 모두가 알지만 경쟁이 치열하니 감수하는 겁니다. 정말 그래야 할 만큼 우리의 미래가 암담하기만 한 것일까요? 우리에게 그런 불확실한 상황을 제어할 힘이 하나도 남아 있지 않은 걸까요?

발상의 전환을 해 보면 어떨까요? 불확실성을 두려움의 대상으로 보기보다, 호기심과 스릴의 대상으로 삼아 보는 겁니다. 큰 파도가 올 것 같다면, 휩쓸려 갈까 무서워 지레 피하기보다 신나게 서핑을 할 기회가 왔다고 큰 마음을 먹어 보는 겁니다. 그리고 실제로 큰 파도의 물결을 타 보는 거예요. 미래는 어차피 더욱 불확실해질 테니 '밑져야 본전'이라는 마음으로요.

그러려면 직장, 직업, 일을 구별할 필요가 있어요. 삼성전자, 현대자동차, 애플과 같은 조직이 직장이라면, 그 안에서 엔지니어, 마케터, 기획자와 같은 구분을 직업이라고 합니다. 그리고 좀 더 넓은 의미로 '일'(work)이라는 것, 세상에서 내가 살아가기 위해서 하는 많은 것을 모두 일이라고 정의할 수 있습니다.

일을 직업이나 직장보다 훨씬 큰 개념으로 보아야 합니다. 이제는 고정된 직업을 쟁취하고 유지하는 데에 매달리기보다 '내가 하고 싶은 일'에 대한 고민을 먼저 해야 합니다. 적절한 수준의 보상을 얻으면서, 의미를 찾을 수 있고, 몰입의 경험을 줄 수 있는 여러 가지 일을 시도하고 동시에 해 나가는 것이 지금 젊은 세대가 추구하는 삶의 방식이 될 겁니다. 한 직업 안에 머무르는 정착민이 아닌 주도적 노마드로 살아가야 합니다.

한번 배우면 평생 그 기술로 먹고살 수 있는 직업은 이제 거의 사라져 가고 있습니다. 한 번에 두 가지 일을 하거나 일하는 도중에 다른 일로 갈아타는 유동성이 필요하다는 점을 염두에 두고 지금부터 삶의 태도를 만들어 갔으면 합니다.

욕망과 욕구는
다르니까

여러분은 앞날도 불안하고, 아직 대인 관계도 서툴지요. 앞으로 좌절할 일이 많이 생길 겁니다. 힘들 때는 버티기만 해도 아주 잘하는 거예요. 잘하려고 하지 말고 그냥 버티면서, 잘 버티는 자신을 칭찬해 주세요. 주변의 기대치에 맞추려다 보면 황새 좇는 뱁새처럼 가랑이가 찢어질 수 있어요. 너무 완벽한 모습을 그리지 마세요.

또 자꾸 옆을 보면서 비교하지 마세요. 비교하면 할수록 내가 못난 것만 보이거든요. '내가 뭘 잘못했지?' 하고 찾게 되고요. 비교는 내가 너무 이상한 곳으로 가고 있는 건 아닌지 확인할 필요가 있을 때만 가끔 해도 충분합니다.

여러분은 자신이 생각하는 것보다 좀 더 많이 가지고 있어요. 그리고 자신이 생각하는 것보다 좀 더 강해요. 힘든 상황이 왔을 때는 내게 없는 부분만 보지 말고 내 자산도 한번 보세요. 알고 보면 쓸모 있는 자산이 뭐가 있는지 리스트를 만들어 보면 훨씬 견딜 만해져요.

무인도에 떨어진 사람은 무슨 생각을 제일 먼저 할까요? "왜 여기는 에어컨도 없고, 수세식 화장실도 없지?" 이런 생각을 하는 데에 시간을 오래 할애할까요? 그보다는 내가 지금 어떤 쓸 만한 것들을 갖고 있는지부터 정리할 거예요. "나는 지금 칼도 하나 있고, 성냥도 있고, 기름도 한 통 있어. 이거라도 있어서 참 다행이야." 하고 생각하게 되지요.

종교적으로 매사에 감사하라는 말이 아닙니다. 저는 지금 생존 방법을 말하고 있어요. 궁지에 몰릴수록 무인도에서처럼 생각해 보자는 겁니다. 나는 무엇을 가지고 있지? 내가 활용할 수 있는 자산에는 뭐가 있지? 나는 힘이 얼마나 세지? 이런 것들을 생각해 보면 돌파구가 보이거나, 적어도 버틸 수 있는 힘이 생길 겁니다.

또 욕망과 욕구를 구별해야 합니다. 욕구라는 건 채우지 않으면 큰일 나는 거예요. 밥처럼 최소한의 생존을 위해서 필요한 것들, 그것이 없으면 위험해지고 죽을지도 모르는 것들이지요.

물론 사람이 어떻게 밥만 먹고 살겠어요? 가능하면 조금 더 좋은 옷을 입고 싶고, 맛있는 것도 먹고 싶고, 좋은 차를 타고 싶지요. 이건 욕망이에요. 그런데 살다 보면 욕망과 욕구가 한데 뭉쳐 떡이 되어 버려요. 욕망이 충족되지 않은 것을 생존의 문제로 착각해요. 스테이크를 못 먹는다고 굶어 죽는 것이 아닌데 마치 죽을 것처럼 생각하는 겁니다. 스테이크와 빵을 적절히 구별할 줄 알아야 해요.

욕구라는 건 채워지고 나면 나에게 안정감을 줍니다. 기본적인 욕구가 안정되는 건 중요해요. 하지만 욕망은 끝이 없어요. 그 한도 끝도 없다는 특징이 인간에게 동기 부여를 해 주기도 하지만, 해악을 끼칠 때도 많아요.

여러분은 자신이 생각하는 것보다
좀 더 많이 가지고 있어요.
그리고 자신이 생각하는 것보다 좀 더 강해요.
힘든 상황이 왔을 때는
내게 없는 부분만 보지 말고
내 자산도 한번 보세요.

욕망이 충족되지 않는 것을 생존의 위험 신호로 받아들이면 안 돼요. '그걸 갖지 못하면 나는 죽을지도 몰라.', '이 경쟁에서 밀리면 나는 살아남지 못해.' 이렇게 욕망의 문제를 욕구의 결핍과 동일하게 느끼면 바로 그것 때문에 위험해집니다.

내가 지금 절실히 원하는 것이 있다면 그것이 나의 욕구인지 아니면 욕망인지 한번 생각해 보세요. 욕구라면 당연히 추구해야 해요. 확보해야 해요. 취업을 생각하면 토익 점수는 필요하지요. 이건 욕구에 가까워요. 그런데 토익 만점을 찍고 싶다? 그건 욕망의 문제예요. 욕망을 충족하기 위해 움직이기 시작하면 에너지 낭비가 너무 많아져요. 한 사람이 가진 에너지의 총량은 뻔하거든요. 그런데 한두 가지 욕망 때문에 그 에너지를 다 쓰고 나면, 오히려 욕구를 충족할 힘이 남아나지 않아요.

대학에서는 여러분에게 자유가 주어지는 만큼 그 자유 안에서 욕망과 욕구를 구별해서 힘 조절을 하는 것이 굉장히 중요합니다. 평정심을 유지할 수 있고, 내가 위험하다고 느끼지 않는 선에서 행복을 추구하는 사람이 어른 아닐까요?

순간순간 새로운 상황이 오면 저도 당황스러울 때가 있어요. 그럼 고민하지요. 이게 뭐지? 이왕이면 더 나은 것을 추구해야 하나, 아니면 이 정도 선에서 멈춰야 하나? 이 정도만 가지면 될까? 여기서 멈추고 만족해도 되는 걸까? 저도 고민하면서 여유를 찾는 연습을 합니다.

경청해 주셔서 감사합니다.

Q

묻고
답하다

A

?

저는 대학 새내기인데,
새로 사람을 사귀는 게 너무 힘들어요.

저는 사람의 유형을 쉽게 설명할 때 사람에는 갯과와 고양잇과가 있다고 이야기해요. 다른 사람이랑 같이 몸을 비비고 움직이고 뛰어 다니는 것을 좋아하는 갯과가 있고, 맨날 조용히 앉아 있는 고양잇과가 있어요. 그런데 고양잇과라고 해서 다른 사람과 어울리는 것을 싫어하지는 않아요. 고양이들은 사람이 가만히 있으면 슬그머니 곁에 와서 웅크리고 있기도 하잖아요. 마구 안고 쓰다듬으면 싫어하지만요.

고양잇과와 갯과는 둘 다 정상이에요. 나는 어느 쪽에 더 가까운지만 알면 돼요. 고양잇과들은 처음 친구를 사귈 때 어려워하지만, 일단 친해지면 아주 잘 지낼 수 있어요. 배려를 많이 하는 사람일 가능성이 높거든요.

내 주장을 마구 펼치는 사람만 잔뜩 모여 있으면 아무 것도 못 해요. 싸움만 하다가 집에 가지요. 고양잇과 학생 도 껴 있어야 목소리 큰 사람도 리더를 할 마음이 나는 법 이에요. 곁에 조용히 있어 주는 사람도 그 나름의 역할이 있어요. 그냥 있어 주기만 해도 굉장히 의미 있고 친구들 이 고마워해요. 막 떠들고 나서서 이야기하지 않아도, 받 아 주는 것만으로도 타인에게는 큰 도움이 됩니다.

내가 먼저 다가서는 게 자신이 없으면 최소한 누군가 다가오는 것을 막지는 마세요. 누가 "같이 밥 먹으러 갈 래?" 하면 좋은 기회니까 따라가세요. 그런 노력만 하면 돼요. 그러면 조용한 그룹들이 만들어질 테고, 그 그룹 안 에서 자연스럽게 관계를 맺을 수 있습니다.

?

'정체성'을 찾으라는 말씀이 제게는 사치처럼 느껴집니다.
아르바이트하느라 바쁘고, 대학 졸업 후 바로 취직하지 못할까 봐
'스펙' 쌓느라 바쁘거든요. 봉사도 하고, 여행도 하며
정체성을 찾는 건, 저 같은 사람에게는 사치 아닐까요?

마음이 급하니 좋은 이야기도 사치스럽게 들리죠? 절박하게 겨우겨우 살아가고 있을 때에는 그런 마음이 드는 것이 당연합니다. 먹고살기도 바쁜데 정체성을 찾는 것은 팔자 좋은 '금수저'의 이야기라고 여겨지지요. 그 마음은 충분히 공감합니다.

하지만 정체성을 만들어 가는 것은 내가 하려고 한다고 잘되는 것도, 안 하려고 한다고 계속 피해 갈 수 있는 것도 아니에요. 내가 세상을 살아가면서 경험하는 모든 것이 내 정체성을 구성하게 되니까요. 나란 사람의 인격

은 결국 내가 지금까지 해 온 모든 경험의 누적분입니다.

그런 차원에서도 지금 여러분에게는 '여유'가 필요합니다. 경제적 여유가 아니라 한 발짝 거리를 두고 전체를 들여다보는 시간, 기회를 말합니다. 스트레스를 만성적으로 받으면 마음이 조급해지고 시야가 좁아져요. 나를 중심으로 미래를 멀리 내다보는 능력이 떨어집니다. 그러면 후회할 만한 일이 벌어질 가능성이 커지죠. 그런 때일수록 잠깐 멈춰 서서 지금 내가 어디에 있고, 이것을 왜 하고, 어떤 의미가 있는 것인지 찬찬히 점검해 보는 기회가 필요해요. 그런 시간을 통해 내 정체성도 더 단단해질 겁니다.

?

요즘은 연애도 '스펙' 같아요. 연애를 안 하면 '모태 솔로'라고
놀리면서 뭐 하나 모자란 사람처럼 여기잖아요.
하지만 저는 정말 바빠서 연애할 시간도 없고,
마음에 드는 사람도 없거든요.
연애가 과제처럼 느껴지는 저는 비정상일까요?

공부도 하고 아르바이트도 하다 보면 몸과 마음이 지
칩니다. 주말에는 그냥 쉬고 싶지요. 연애를 하려면 돈도
들고, 옷도 신경 써서 입어야 하니까 부담스러울 수 있어
요. 누군가를 새로 만나고 관계를 친밀하게 유지하는 것
은 아무래도 보통 친구 사이와 비교할 때 에너지가 훨씬
많이 드는 일임은 분명합니다. 그래서 과제처럼 느껴지
는데 또 그 과제의 분량이 한두 시간에 딱 끝낼 성질이 아
닌, 꽤 부담스러운 양이라고 여겨질 수 있지요.

연애를 꼭 해야 하는 것은 아닙니다. 마치 게임에서 레벨별로 미션을 '클리어'하듯이 연애도 몇 살이 되면 치러야 할 '미션'의 하나처럼 볼 필요는 없어요. 마음의 여유가 없을 때에는 상대에게 가혹해질 수도 있거든요. 조바심을 내서 서두르다 보면 초반에 관계를 망칠 위험도 있어요.

그런데 아이러니하게도 이 모든 난관을 뛰어넘게 만드는 것이 바로 사랑의 힘이에요. 눈에 콩깍지가 씐다는 말 들어 봤지요? 바로 그런 상대를 만나는 날이 올 거예요. 그러면 연애는 과제가 아니라 꼭 해 보고 싶은, 누가 말려도 해야만 하는, 내일까지 해야 할 과제가 산더미같이 있어도 꼭 오늘 해야만 하는 일이 됩니다. 그때까지 기다려 보세요. 너무 피하지는 말고요. 혹시 평소 호감이 있던 사람이 내게 다가온다면 '지금 난 여유가 없어.', '이럴 때가 아니야.'라면서 미리 피하거나 거절하지 말라는 뜻이에요. 기회는 자주 오지 않으니까요.

?

욕망과 욕구에 대해 이야기해 주셨는데요,
토익 만점과 같은 욕망은 청년들의 욕망이 아니라
기업의 욕망 같습니다. 제가 높은 점수에 집착하는 이유는
사실 불안해서예요. 입사 시험이나 면접에서 탈락하면
내가 왜 탈락한 건지 설명도 없고, 명확한 기준이 뭔지도 모르니까
불안한 마음에 자꾸 '스펙'을 쌓는 거예요.
토익이 만점이면 적어도 토익 때문에 떨어진 건 아니니까
다른 이유를 찾을 수 있잖아요?

기업체 인사 담당자들을 실제로 만나 보면 그 누구도
토익 만점을 요구하지 않는다고 밝힙니다. 그 이유는 그
리 복잡하지 않아요. 제가 인사 담당자라도, 외국계 회사
라서 영어 능력이 담당 업무를 수행하는 데 꼭 필요한 것
이 아니라면 영어로 된 메일을 읽고, 출장에 가서 간단한
회의를 할 수 있을 정도면 충분하다고 여길 테니까요.

기업에서 채용을 할 때에는 매우 많은 변수가 있습니

다. 같은 회사라도 어떤 시기에 어떤 일을 할 사람을 뽑는 가에 따라 무척 달라집니다. 과거 대규모 공채를 할 때와 는 달리 요즘에는 부서별로, 상시적으로 필요 인원을 뽑 는 경우가 많아요. 그렇기 때문에 더욱 우리 회사 입사 기 준은 어떠어떠하다 하고 제시하기가 어려울 겁니다. 섣 불리 밝혔다가 객관적인 기준은 넘지만 직무에는 적합하 지 않은 사람이 생기면 곤란해지니까요.

그러니 토익 만점은 기업의 욕망도 아닐 겁니다. 그보 다는 불가피한 상황이 벌어진 것이라고 할까요? 지원자 는 많고, 채용 인원은 적은 상황에서 기업은 최소한의 변 별력을 갖추기 위해서, 지원자는 작은 결점도 피하기 위 해서 자잘한 채용 기준에도 민감해진 것이지요.

이렇게 되면 욕망과 욕구를 구별하는 문제라기보다 그저 스트레스의 문제가 됩니다. 지원자 입장에서는 기 업의 내부 사정을 알 수 없는 상황에서, 채용에 합격한 사 람들과 떨어진 사람들끼리 서로 정보를 공유하다 보면 여러 가지 그럴듯한 정보가 만들어지겠지요. 문제는 그 정보가 일종의 '도시 괴담'처럼 된다는 것입니다. 채용하려는 쪽의 정보는 거의 없고, 그저 '합격자 누구는 토익이 950점이라더라, 누구는 자격증이 6개라더라.' 하는 개인들의 추정에 의해서만 구성된 정보이기 때문입니다.

그러니 이런 이야기들을 전적으로 신뢰하면 곤란합니다. 그래서 얻는 것은 오직 '스트레스'뿐이니까요. 채용하는 자와 지원하는 자 사이의 정보 불균형과 미지에 대한 불안이 결합되면, 스트레스는 계속 쌓일 수밖에 없어요. 사실 평균 실력이 모두 비슷하게 높을 때, 어떤 당락은 '운' 외에는 달리 설명할 방도가 없을지도 모릅니다.

결과를 바꿀 수는 없더라도, 괜한 소문이나 추측으로 내 스트레스를 일부러 부풀릴 필요는 없습니다. 사회 구조적인 현실을 냉정하게 파악하는 것, 그리고 세상이 좀 불합리함을 이해하는 것이 때로는 스트레스를 조절하는 방편이 될 수 있습니다.

?

고등학교 2학년 딸을 키우는 부모입니다.
사고 치는 아이들 말씀을 해 주셨는데,
저희 아이도 차라리 대학 가고 나서 사고를 치면 정말 좋겠습니다.
수능이 코앞인데 공부는 안 하고 연애에만 빠져 있는 딸을 보니
마냥 기다려 주는 것이 부모의 역할인지 혼란스럽습니다.
이럴 땐 어떻게 해야 하나요?

먼저 고등학교 2학년이면 수능이 코앞은 아니고요, 아직 1년 '이나' 남은 상태입니다. 그리고 청소년기에 연애 경험을 할 기회가 온 것은 인생 전체를 놓고 볼 때 매우 좋은 일이라고 말씀드리고 싶어요. 물론 부모님 입장에서는 걱정스럽다는 것 또한 이해합니다.

그런데 '로미오와 줄리엣 효과'라는 심리학 용어가 있어요. 부모가 반대하면 더하고 싶어지는 청개구리 심리를 말합니다. 지금 딸의 연애를 반대하시면 딸은 더 하

고 싶어지고, 식어 가던 사랑도 다시 불타오를 수 있어요.

자녀가 초등학교 1, 2학년이라면 부모가 이래라 저래라 하는 것이 필요하고, 그건 아이를 위험한 상황에 빠지지 않게 하기 위한 부모의 의무이기도 합니다. 하지만 자녀가 벌써 고등학교 2학년이라면 부모는 "나는 네가 누구를 사귀는 것이 행여 공부에 지장이 있을까 봐 걱정이다."라는 식으로 본인의 염려와 구체적인 걱정을 일인칭으로 말씀하시는 것으로 충분해요. 그 외에 부모가 해야 할 일은 원치 않는 임신과 관련한 성교육을 해 주고 혹시 있을지 모를 데이트 폭력에 대한 분명한 가이드를 주는 정도입니다. 울타리를 쳐 줌으로써 그 선을 넘어가서 진짜 위험한 일이 벌어지지 않게 해야 하지요. 그것이 고등학생 이상의 아이에게 해 줄 수 있는 최선입니다.

원론적인 이야기이지만, 저는 좋은 부모는 모든 것을 알고 통제하는 전문가가 아니라 호기심을 갖고 관찰하는 사람이 되어야 한다고 말씀드리곤 합니다.

?

경제적으로 독립하지 않고
심리적으로 먼저 독립하는 것이 가능할까요?
저는 이미 스스로 부모님에게서 독립했다고 느끼는데,
그러면서도 여전히 경제적으로 의존하고 있는
자신에 대한 자괴감이 큽니다.

'몸 튼튼 마음 튼튼'이란 말을 들어 보셨어요? 왜 마음보다 몸이 먼저 나올까요? 유래를 정확히 알 수는 없지만, 아마도 몸이 마음보다 더 앞서기 때문이 아닐까 합니다. 몸이 건강하면 마음도 건강해질 수 있지만, 몸이 아프면 아무리 마음을 건강하게 유지하려고 해도 쉽지 않지요.

그럼 경제와 심리 중에 어떤 것이 '몸'에 속할까요? 경제적 문제는 마치 우리 몸과 같습니다. 마음보다 앞선다는 뜻이지요. 지금도 많은 대학생이 스스로 심리적 독립을 이루었다고 여기고 있을지 몰라요. 경제적 문제에서 부모와 갈등을 빚거나, 대립하고 있지 않은 평화로운 상태이기 때문에 그 안에서 독립적인 판단을 하고 있을 겁니다.

그런데 이것은 사실상 보이지 않는 통제 안에 있는 상태일 수도 있습니다. 부모가 용인할 만한 범위 안에서 판단하고 행동하고 있기 때문에 그 안에서 '나는 독립적'이라고 여기면서 지내고 있다는 뜻이에요.

하지만 그 밖으로 나가야 할 일이 발생한다면? 그때는 비로소 경제적 독립이 이루어졌는지 아닌지가 분명히 드러날 겁니다. 지금은 다행히 부모와 큰 갈등 요소가 없지만 언제까지나 그렇지는 않겠지요.

그래도 이런 시기에 독립에 대해 생각하고, 경제적 자립을 하지 못한 것에 자괴감이 든다면 무척 건강한 사람입니다. 막상 닥쳤을 때 허둥지둥하기보다 지금부터 조금씩 경제적 독립을 위한 준비를 하면 어떨까요?

?

대학생 딸이 있는데, '심리적 매미' 딱 그 상태입니다.
4학년 졸업반인데, 여전히 10대 같아요.
독립할 생각도 없고 취직할 용기도 없어 보입니다.
무기력해요. 이러다 평생 부모에게 의지할까 걱정됩니다.
우스운 질문 같지만 부모로서 독립을 도와줄 방법은 없을까요?

마틴 셀리그먼이라는 심리학자가 이런 실험을 했어요. 방 안에 개를 놓은 뒤 바닥에 전기 자극을 주는 실험이었지요. 방 안에 칸막이를 설치해서, 그것을 넘어가면 전기 자극이 없는 곳으로 갈 수 있도록 실험 환경을 갖추어 놓았지요.

이 실험에서 셀리그먼은 처음에는 개를 묶어 둔 뒤 전기 자극을 여러 번 주었어요. 그다음에는 묶은 끈을 풀어 준 뒤 전기 자극을 주었지요. 그랬더니 개는 자극을 받아도 칸막이를 넘어가지 않았다고 합니다. 또 실험이 끝난

다음에도 먹이를 덜 먹고 활동량이 줄어들었다고 해요.

셀리그먼은 이 실험을 통해 우울증의 동물 모델을 입증한 것으로 보았고, 개의 상태에 대해 '학습된 무기력'(learned helplessness)이라고 이름 붙였어요. 여러 번 반복해서 자극을 받았는데 그것을 해결할 방법이 없음을 깨닫게 되면 아예 해결하기를 포기해 버린다는 이론이지요.

많은 청년이 혹시 이 셀리그먼이 말한 '학습된 무기력' 상태에 있는 것은 아닌가 합니다. 제 나름대로 노력을 많이 했는데 스트레스만 더욱 늘어날 뿐 뾰족한 해결책도 없고 성취감을 충분히 얻지도 못했어요. 어느 순간부터는 더 노력할 엄두를 내지 못한 채 그냥 그 자리에 머물러 있습니다. 이렇게 된 데에는 개인의 문제보다 구조와 환경의 영향이 큽니다. 자기가 들인 노력과, 주변과 자신의 기대치에 맞는 일자리를 구하기란 너무 어려운 상황이니까요.

그럴 때 부모는 어떤 태도를 취해야 할까요? '취업 준비' 혹은 대학원 진학이라는 '유예'를 마냥 기다려 주고 지원해 주어야 할까요? 이는 부모의 노후와 자녀의 미래를 위해서 별로 바람직한 방법이 아닙니다.

많은 학자가 우리나라의 가족 구조는 심리적으로 매우 독특하다고 분석합니다. 개인이 아니라 가족 전체가 하나의 자아로 인식되는 '가족 자아'(family ego)를 갖고 있다는 점에서 특징적이라고 하지요. 이제는 우리도 부모와 자식 사이의 강한 애착에서 벗어날 필요가 있습니다. '각자 잘 살자'는 마음, '이만큼 키워 주었으니 이제부터는 서로 살길을 찾아가자. 최고 대신 최선의 행복을 각자 찾아보자.'라는 조금 낯설지만 단호한 태도가 필요합니다. 역설적이지만 이것이 자녀의 독립을 돕는 방법일 거예요.

물론 단번에 무 자르듯이 딱 끊을 수는 없겠지요. 적절한 시간 여유를 두고 서로 준비를 해야 합니다.

일본의 어느 부모는 아이가 스무 살이 되자 적당한 금액이 든 통장을 건네주면서 절을 했대요. "그동안 너와 지낸 시간이 너무나 즐거웠다."라고 말하면서요. 대학을 가든, 장사를 하든 알아서 하되 이제는 각자 독립하자고 제안한 것이지요. 한번 생각해 볼 만한 일 아닐까요?

?

대학 신입생 환영회에서 술의 긍정적인 역할을
말씀해 주셨는데요, 술로 인한 사고가 3월이면
꼭 뉴스에 한 번씩 나오잖아요.
**대학 신입생들이 경계 없이
술을 마시는 것이 정말 괜찮을까요?**

매해 3월, 대학 신입생 입학철이 되면 과음으로 인한
여러 사건이 일어납니다. 1년에 한두 명씩 숙소에서 떨어
져 다치거나, 인사불성이 된 상태로 방치되었다가 큰 사
고가 나서 뉴스에 나오곤 하지요. 신입생 환영회에서 술
을 마시는 행위에 깔린 심리를 이해한다고 해서, 이런 행
위를 모두 용납하자는 뜻은 결코 아닙니다.

술은 어른의 상징과도 같아요. 고등학교 때까지 억압
되었다가 대학에 오면서 처음으로 허용되는 것이니까요.
"나 이제 술 먹어도 돼." 하는 해방감이 찾아옵니다. 특히

신입생 환영회는 누구도 뭐라고 하지 않는 자리이니 과음을 하기 쉽지요. 통과의례라고 할 수 있어요. 보통 통과의례를 할 때 그전까지 하지 못하던 것을 하게 함으로써 금지를 뛰어넘게 해요. 그런 점에서 환영회에서 술을 마실 수는 있지만 우리의 문제는 지나치게 집단적 압력을 가한다는 겁니다.

술에 관해서 유념해야 할 것이 있습니다. 술은 마신다고 늘지 않아요. 이건 과학적인 사실이에요. 그러니 누구든 절대로 남에게 술을 강요하지 마세요. 술을 잘 마시는 건 내가 잘나서가 아니에요. 몸에 유전적으로 알코올 분해 효소가 많은 사람이 있어요. 알코올 분해 능력을 타고난 사람들이에요. 타고난 것이니 자랑거리도, 흉도 아니에요. 반면 분해가 안 되도록 타고난 사람이 있어요. 그런 사람은 훈련을 해도 안 돼요. 억지로 먹으면 큰일 납니다. 술을 먹으면 얼굴이 금방 빨개지거나 창백해지는 친구에게는 절대로 그 이상 술을 주면 안 돼요.

물론 대부분의 사람은 그 중간에 있어요. 중간에 있는 사람은 차곡차곡 마시다 보면 주량이 조금 늘기는 해요.

하지만 어느 정도 이상으로는 절대 늘지 않아요.

술이라는 건 먹으면 분위기가 좋아져요. 억제가 풀리거든요. 알코올에는 탈억제 반응이 있어요. 처음 만나는 사람들이 어색하게 앉아서 쭈뼛거릴 때 술을 먹으면 쉽게 분위기가 왁자해지지요. 뭔가 흥겨운 분위기가 생겼다는 착각을 하게 되고 기분도 좋아집니다. 이건 5000년 전부터 있던 일이에요. 애초에 와인도 썩은 낙과를 먹었다가, 기분이 약간 좋아진다는 사실을 발견한 뒤 만들게 되었다고 하지요. 하물며 감옥에서도 술을 만들어요. 빵을 씹은 뒤 요구르트를 넣어서 따뜻한 데에 두면 막걸리 비슷한 술이 만들어진다고 하더군요. 사람들은 어떤 상황에서도 술을 만들어 마시는 것 아닐까 싶기도 해요.

게다가 한국은 술이 싸요. 소주 한 병이 1,000원 언저리잖아요. 5,000원이면 취할 수 있어요. 제가 학생 때는 소주 한 병에 300원 남짓이었어요. 1,000원짜리 한 장으로 소주 세 병에 새우깡 하나를 살 수 있었어요. 그렇게 사서 두세 명이서 학교 캠퍼스 잔디밭에 앉아서 마시면 금방 취해요. 그런데 그런 특징 때문에 우리가 서로 술을 쉽게 강권하게 됩니다.

학생 때는 돈이 별로 없으니 싼 술을 많이 마셔서 취하려고 해요. 그리고 내가 취하고 나면 남에게 관대해지지 못해요. 남이 마시지 않고 있으면 갑자기 공평하지 않다는 생각이 들어서 억지로 마시라고 하고, 네가 뭔데 안마시냐 하면서 괜히 공격하기도 합니다. 이 역시 공동체 안에서 함께하는 것이 아직은 편안한 시기, 소속감에 대한 욕구가 강한 시기라 더욱 그런 면이 두드러진다고 할 수 있어요.

대학에 가서 술을 마셔 보니, 내가 의외로 술이 잘 받는 체질이라면 남에게 권할 때 더욱더 조심하고, 함께 속도를 맞추어 나갈 줄 알아야 합니다. 반면 체질적으로 못마시는 사람이라면 처음부터 말을 하세요. 술은 안 마시지만 함께 이야기하는 자리는 좋아한다고 말하면서, 자연스럽게 술을 거절하는 법도 익혀야 해요. 돌려 말하기 힘들면 그냥 단도직입적으로 말해도 됩니다. 술을 강요하는 선배, 교수에게는 분명하게 싫다고 말해야 합니다.

?

예측 불가능성과 조절 불가능성에 대한 이야기에 깊이 공감합니다.
하지만 현실적으로 이 두 가지를 줄이는 것은 정말 어렵습니다.
둘 다 조절이 불가능할 때, 어떻게 스트레스를 줄일 수 있을까요?

둘 다 조절이 불가능하면 속절없이 당해야 할까요? 앞서 강의에서 말씀드린 것은 아주 기본적인 내용이고, 이제부터 심화 학습에 들어갈게요. 스트레스에 대한 고전적인 연구들은 '투쟁-도피 반응'을 중심으로 했습니다. 스트레스를 받으면 아드레날린이 솟구치면서 몸이 긴장되고 심박수가 올라갑니다. 싸우거나 도망칠 때와 비슷한 반응이 몸에 나타나는 겁니다. 이를 줄이는 길은 상황을 내가 조절한다고 인식하고, 앞날을 예측 가능하게 만드는 것입니다. 그런데 이것이 불가능하다면?

다른 방법이 있습니다. 하나는 생각을 바꾸는 겁니다.

즉 지금 내게 닥친 상황을 공포로 받아들여 싸우거나 도망가는 것이 아니라 '도전'으로 받아들이는 겁니다. 인식에 변화를 꾀하는 것이지요. 그러면 도리어 몸이 에너지를 발생시켜서, 해야 할 일을 잘 수행할 수 있게 합니다. 집중력을 느끼고, 스트레스에서 회복되는 데 도움이 되는 디에이치이에이(DHEA) 수치가 올라가면서 몰입 상태를 경험합니다.

연구에 따르면 이런 면은 스트레스를 잘 극복하는 운동선수, 의사, 음악가 중 정상급 인사들에서 많이 발견됩니다. 중압감을 받으면 이들은 강력한 도전 반응을 일으키고, 이를 통해 자원을 원활하게 동원함으로써 스트레스에도 무너지지 않고 도리어 더 좋은 성과를 내지요.

또 하나는 옥시토신의 힘을 빌리는 거예요. 물론 옥신토신은 내가 원한다고 막 분비되는 것은 아니죠. 옥시토신은 엄마가 출산할 때 자궁을 수축해서 아기가 잘 나올 수 있도록 하는 호르몬입니다. 또 아기를 잘 돌볼 수 있도록 돌봄 행동을 하고 싶은 욕구를 증가시키기도 하지요.

그런데 최근 연구 결과에서 옥시토신의 또 다른 기능

이 발견되었습니다. 스트레스 상황에 처한 남녀 모두 옥시토신 수치가 올라가면서 '배려-친교 반응'이 증진되었다는 것이 밝혀졌어요. 옥시토신이 증가하면서 신기하게도 공감, 유대감, 신뢰감이 증가하고 다른 사람과 관계를 맺고 가까워지고 싶은 욕구가 증가한 것이지요. 조사해 보니 이 시스템은 여성에게 더 잘 작동한다고 합니다. 그래서 여성형 스트레스 반응이라고 말하기도 합니다.

사람은 스트레스를 받으면 싸울까 도망갈까 고민하기도 하지만 남에게 도움을 청하고, 함께하자고 제안하고, 나보다 힘든 사람을 돕고 싶어 하기도 합니다. 공감과 연대를 통해 스트레스 상황을 극복하려는 시스템입니다.

조절과 예측이 어렵다면 '함께'라는 버튼을 이용해 보면 어떨까요?

나의 대학 사용법

불안 위에서 서핑하기

초판 1쇄 발행 • 2018년 5월 11일
초판 2쇄 발행 • 2019년 11월 22일

지은이 • 하지현
펴낸이 • 강일우
책임편집 • 김선아
조판 • 신혜원
펴낸곳 • (주)창비
등록 • 1986년 8월 5일 제85호
주소 • 10881 경기도 파주시 회동길 184
전화 • 031-955-3333
팩시밀리 • 영업 031-955-3399 편집 031-955-3400
홈페이지 • www.changbi.com
전자우편 • ya@changbi.com

ⓒ 하지현 2018
ISBN 978-89-364-5873-7 44180